IMUNIDADE TRIBUTÁRIA DOS BENS AFETADOS À CONCESSÃO DE ENERGIA

A QUESTÃO TRIBUTÁRIA DO PONTO DE VISTA REGULATÓRIO

JOSÉ CARLOS MARTINS DO NASCIMENTO

Prefácio
André Mendes Moreira

IMUNIDADE TRIBUTÁRIA DOS BENS AFETADOS À CONCESSÃO DE ENERGIA

A QUESTÃO TRIBUTÁRIA DO PONTO DE VISTA REGULATÓRIO

Belo Horizonte

2016

© 2016 Editora Fórum Ltda.

É proibida a reprodução total ou parcial desta obra, por qualquer meio eletrônico, inclusive por processos xerográficos, sem autorização expressa do Editor.

Conselho Editorial

Adilson Abreu Dallari
Alécia Paolucci Nogueira Bicalho
Alexandre Coutinho Pagliarini
André Ramos Tavares
Carlos Ayres Britto
Carlos Mário da Silva Velloso
Cármen Lúcia Antunes Rocha
Cesar Augusto Guimarães Pereira
Clovis Beznos
Cristiana Fortini
Dinorá Adelaide Musetti Grotti
Diogo de Figueiredo Moreira Neto
Egon Bockmann Moreira
Emerson Gabardo
Fabrício Motta
Fernando Rossi

Flávio Henrique Unes Pereira
Floriano de Azevedo Marques Neto
Gustavo Justino de Oliveira
Inês Virgínia Prado Soares
Jorge Ulisses Jacoby Fernandes
Juarez Freitas
Luciano Ferraz
Lúcio Delfino
Marcia Carla Pereira Ribeiro
Márcio Cammarosano
Marcos Ehrhardt Jr.
Maria Sylvia Zanella Di Pietro
Ney José de Freitas
Oswaldo Othon de Pontes Saraiva Filho
Paulo Modesto
Romeu Felipe Bacellar Filho
Sérgio Guerra

Luís Cláudio Rodrigues Ferreira
Presidente e Editor

Coordenação editorial: Leonardo Eustáquio Siqueira Araújo

Av. Afonso Pena, 2770 – 15º andar – Savassi – CEP 30130-012
Belo Horizonte – Minas Gerais – Tel.: (31) 2121.4900 / 2121.4949
www.editoraforum.com.br – editoraforum@editoraforum.com.br

N244i   Nascimento, José Carlos Martins do

Imunidade tributária dos bens afetados à concessão de energia: a questão tributária do ponto de vista regulatório / José Carlos Martins do Nascimento; prefácio de André Mendes Moreira. Belo Horizonte: Fórum, 2016.

151 p.
ISBN 978-85-450-0140-9

1. Direito tributário. 2. Direito administrativo. 3. Direito constitucional. 4. Direito civil. 5. Compliance. I. Moreira, André Mendes. II. Título.

CDD: 341.39
CDU: 336.2

Informação bibliográfica deste livro, conforme a NBR 6023:2002 da Associação Brasileira de Normas Técnicas (ABNT):

NASCIMENTO, José Carlos Martins do. *Imunidade tributária dos bens afetados à concessão de energia:* a questão tributária do ponto de vista regulatório. Belo Horizonte: Fórum, 2016. 151 p. ISBN 978-85-450-0140-9.

Dedico esta obra aos meus amados pais, Sr. Antônio e Dona Ana, que, apesar do pouco estudo, sempre me incentivaram a estudar cada vez mais, e lutar pelos meus objetivos.

Dedico, ainda, às minhas amadas Andréa Luciana, Ana Flávia e Maria Luiza, esposa e filhas, que deram sua parcela de contribuição para que este objetivo fosse alcançado. Negar-lhes a convivência não foi fácil, mas a ausência resultou na obra que agora compartilho. Amo vocês.

AGRADECIMENTOS

Agradeço a Deus por me dar força nos momentos mais difíceis, e por me carregar nos braços quando eu não conseguia mais andar. Fica conosco, Senhor, hoje e sempre! Sêneca diz que aquele que acolhe um benefício com gratidão paga a primeira prestação da sua dívida. Assim, pagarei algumas dívidas agora, ou, pelo menos, *a primeira prestação*. Afinal, uma obra com esta abrangência e profundidade, como a que apresentamos, dificilmente é fruto do trabalho isolado, de um homem só. Assim, não poderia deixar de registrar o meu agradecimento a todos que colaboraram de alguma maneira para o resultado que compartilho com vocês.

Agradeço ao meu professor e orientador, Dr. André Mendes Moreira, por ter despertado meu interesse em escrever sobre um tema tão relevante para a nossa sociedade, e acerca do qual tive imensa satisfação em dissertar. A sua orientação deu clareza solar ao presente estudo. Sua nobreza, consubstanciada pelo fato de que, apesar do grande conhecimento jurídico, é uma pessoa acessível, enche de orgulho a nossa classe, ao mesmo tempo que enriquece de sobremaneira a carreira jurídica.

Agradeço ao Dr. Leksander Araújo Tolentino, advogado e economista, que, mesmo no tempo em que eu era um aprendiz de eletricista, muito me motivou a estudar e ir além do que a vida me apresentava na minha carreira de artífice, de eletrotécnico. Valeu a pena seguir os seus conselhos.

Registro um agradecimento ao Dr. Rafael Triginelli, que desde a Graduação em Direito, ao avaliar a minha dissertação sobre "*a questão da incidência de ICMS nos contratos de fornecimento de energia elétrica no mercado cativo*", acreditou no meu potencial e recomendou que eu aprofundasse os estudos na área tributária do setor de energia. Esta obra, certamente, também é fruto do seu apoio, do seu incentivo.

Aos colegas da carreira jurídica que muito ajudaram nos debates que culminaram nesta obra, em especial, o Dr. Modesto Justino de Oliveira Neto. Seu entusiasmo acerca da matéria, qual seja, tributação da propriedade de bens afetados, é altamente contagiante.

Agradeço, ainda, ao Dr. Cláudio Pinho, um grande incentivador dos nossos estudos, e colega do Instituto dos Advogados Brasileiros (IAB).

É impossível não registrar o agradecimento aos colegas, Drs. João Francisco Farinas e Silva, Wellington da Silva Souza, Júnia Gouveia Sampaio, Leonardo Varella Gianetti, Otto Carvalho Pessoa de Mendonça, Maria Lucia da Silva, Danielle Victor Ambrosano, Luciana Goulart F. Saliba, Tadeu Negromonte, Maria Leonor Leite Vieira, Rafhael Frattari, entre outros, que muito colaboraram no debate.

Agradeço à Dra. Maria João C. P. Rolim, e ao Dr. Marciano Seabra de Godoi, pela contribuição relativa ao Direito Português no tocante à tributação da propriedade, que muito enriqueceu o trabalho.

Aos meus professores e colegas do mestrado, pela amizade que surgiu naturalmente e espero cultivar pela vida afora, de forma especial, os Drs. Rodolfo Barreto Sampaio Júnior, Luciano Santos Lopes, Valter Lobato e Ricardo Brasileiro.

Ao Dr. Sérgio Pacheco, um incentivador do nosso estudo e parceiro de caminhada e de publicações relacionadas com o Setor Elétrico.

Aos colegas de trabalho, de ontem e de hoje, que muito me ajudaram no desenvolvimento deste projeto. Esta conquista também é de vocês.

Para todo problema complexo existe uma solução simples... e errada. O problema complexo precisa ser tratado nas suas várias dimensões.

(Humberto Ávila, 2012)

Por ironia do destino eu já nasci na Avenida da Saudade... mas em Janaúba. Graças a Deus! Gorutubano com muito orgulho.

(José Carlos Martins do Nascimento)

LISTA DE ABREVIATURAS E SIGLAS

ABRADEE	Associação Brasileira de Distribuidores de Energia Elétrica
ABRAGE	Associação Brasileira de Grandes Empresas Geradoras de Energia
ACL	Ambiente de Contratação Livre
ACR	Ambiente de Contratação Regulado
ADI	Ação Direta de Inconstitucionalidade
AGRG	Agravo Regimental
ANATEL	Agência Nacional de Telecomunicações
ANEEL	Agência Nacional de Energia Elétrica
ANP	Agência Nacional de Petróleo, Gás e Biocombustível
ARE	Agravo em Recurso Extraordinário
ARESP	Agravo em Recurso Especial
Art.	Artigo
CADE	Conselho Administrativo de Defesa Econômica
CARF	Conselho Administrativo de Recursos Fiscais
CC	Código Civil
CCD	Conexão do Sistema de Distribuição
CCEE	Câmara de Comercialização de Energia Elétrica
CCT	Conexão do Sistema de Transmissão
CCVEE	Contrato de Compra e Venda de Energia Elétrica
CELESC	Centrais Elétricas de Santa Catarina
CEMIG	Companhia Energética de Minas Gerais
CF	Constituição Federal
CODESP	Companhia Docas do Estado de São Paulo
COFINS	Contribuição para Financiamento da Seguridade Social
COPEL	Companhia Paranaense de Energia
COSIP	Contribuição para o Custeio dos Serviços de Iluminação Pública
CPC	Código de Processo Civil
CR	Constituição da República Federativa do Brasil
CSLL	Contribuição Sobre o Lucro Líquido

CTN	Código Tributário Nacional
CUSD	Contrato de Uso do Sistema de Distribuição
CUST	Contrato de Uso do Sistema de Transmissão
DCR	Duração Relativa de Transgressão de Tensão Crítica
DEC	Duração Equivalente de Interrupção por Unidade Consumidora
DEC	Duração Equivalente de Interrupção por Unidade Consumidora
DETRAN	Departamento Estadual de Trânsito
DIC	Duração de Interrupção Individual por Unidade Consumidora
DJE	*Diário da Justiça Eletrônico*
DL	Decreto-Lei
DNAEE	Departamento Nacional de Águas e Energia Elétrica
DRP	Duração Relativa da Transgressão de Tensão Precária
EC	Emenda Constitucional
ECT	Empresa Brasileira de Correios e Telégrafos
EDCL	Embargos de Declaração
EDP	Energias de Portugal
FASB	*Financial Accounting Standards board*
FEC	Frequência Equivalente de Interrupção por Unidade Consumidora
FEC	Frequência Equivalente de Interrupção por Unidade Consumidora
FGTS	Fundo de Garantia por Tempo de Serviço
FIC	Frequência de Interrupção Individual por Unidade Consumidora
IBGC	Instituto Brasileiro de Governança Corporativa
ICC	Índice de Unidades Consumidoras com Tensão Crítica
ICMS	Imposto sobre Circulação de Mercadorias e Serviços
IFRS	*International Financial Reporting Standards*
IMI	Imposto Municipal sobre Imóveis
IN	Instrução Normativa
INSS	Instituto Nacional de Seguridade Social
IPMF	Imposto Provisório sobre a Movimentação ou a Transmissão de Valores e de Créditos e Direitos de Natureza Financeira
IPTU	Imposto sobre Propriedade Predial e Territorial Urbana
IPVA	Imposto sobre Propriedade de Veículos Automotores
IRPJ	Imposto de Renda Pessoa Jurídica
ISS	Imposto sobre Serviços de Qualquer Natureza
ITR	Imposto sobre Propriedade Territorial Rural

KW	Kilowatt
LC	Lei Complementar
LEF	Lei de Execuções Fiscais
MG	Minas Gerais
MME	Ministério de Minas e Energia
MW	Megawatt
MWH	Megawatt-hora
OCDE	Organização para a Cooperação e Desenvolvimento Econômico
PASEP	Programa de Formação do Patrimônio do Servidor Público
PIS	Programa de Interação Social
RE	Recurso Extraordinário
RESP	Recurso Especial
RJ	Rio de Janeiro
SAT	Seguro Acidente de Trabalho
SEBRAE	Serviço Brasileiro de Apoio às Micro e Pequenas Empresas
SENAC	Serviço Nacional de Aprendizagem Comercial
SENAI	Serviço Nacional de Aprendizagem Industrial
SENAR	Serviço Nacional de Aprendizagem Rural
SENAT	Serviço Nacional de Aprendizagem do Transporte
SESC	Serviço Social do Comércio
SESCOOP	Serviço Social do Cooperativismo
SESI	Serviço Social da Indústria
SEST	Serviço Social do Transporte
SFE	Superintendência de Fiscalização dos Serviços de Eletricidade
SP	São Paulo
SRF	Secretaria da Receita Federal
STF	Supremo Tribunal Federal
STJ	Superior Tribunal de Justiça
TRU	Taxa Rodoviária Única
US-GAAP	*Generally Accepted Accounting Principles (United States)*
VTNT	Valor da Terra Nua Tributável
WGI	*Worldwide Governance Indicators*
WH	Watt-hora

SUMÁRIO

PREFÁCIO
André Mendes Moreira... 17

INTRODUÇÃO 19

CAPÍTULO 1
O PRINCÍPIO DA SEGURANÇA JURÍDICA EM MATÉRIA TRIBUTÁRIA
E SUA IMPORTÂNCIA PARA A ATIVIDADE EMPRESARIAL 23
1.1   Do conceito de princípios 23
1.2   Do conceito de segurança jurídica 24
1.3   Do princípio da segurança jurídica em matéria tributária................... 27
1.4   Principais tributos incidentes sobre o setor elétrico............................. 32
1.5   Importância do princípio da segurança jurídica em tributária e da
        governança tributária para a atividade empresarial............................. 33
1.5.1   Do conceito de governança... 34
1.5.2   Da governança corporativa... 36
1.5.3   Da governança tributária 38
1.5.4   Importância da governança tributária para a atividade empresarial........... 41

CAPÍTULO 2
DA CONCESSÃO DE SERVIÇOS PÚBLICOS DE ENERGIA ELÉTRICA 43
2.1   Concessão de serviços públicos 43
2.1.1   Evolução histórica 45
2.1.2   Conceito... 46
2.1.3   Princípios... 47
2.1.3.1   Do dever de prestação 48
2.1.3.2   Generalidade ou universalidade.. 48
2.1.3.3   Modicidade 49
2.1.3.4   Atualidade ou adaptabilidade.. 49
2.1.3.5   Cortesia ou urbanidade.. 50
2.1.3.6   Economicidade 50
2.1.3.7   Submissão de controle.. 51
2.1.3.8   Isonomia 52
2.1.3.9   Continuidade ou permanência 52
2.1.3.10 Regularidade.. 54
2.1.3.11 Livre acesso às redes... 56
2.2   Da afetação dos bens ao serviço público de energia elétrica 61
2.3   Extinção do contrato de concessão – Capítulo X da Lei nº 8.987/95 65
2.3.1   Advento do termo contratual 68
2.3.2.   Ato unilateral do poder concedente 68
2.3.2.1   Encampação 68
2.3.2.2   Caducidade 69
2.3.3   Anulação... 70
2.3.4   Falência ou extinção da empresa 70
2.3.5   Rescisão judicial 71
2.3.6   Rescisão Consensual... 71

2.4	Consequência da extinção da concessão: reversão dos bens afetados	73
2.5	Diferenciação entre afetação e reversão	77
2.6	Concessão de serviços públicos de energia elétrica	78
2.6.1	Concessionárias de distribuição de energia elétrica – Sociedades de economia mista	81
2.6.2	Concessionárias de distribuição de energia elétrica – Empresas privadas	81

CAPÍTULO 3

INTERVENÇÃO DO ESTADO NA PROPRIEDADE PARA A PRESTAÇÃO DE SERVIÇO PÚBLICO DE ENERGIA ELÉTRICA 85

3.1	Do conceito de propriedade	85
3.1.1	Da desapropriação	87
3.1.2	Da servidão administrativa	89
3.1.3	Da compra e venda	90

CAPÍTULO 4

DOS IMPOSTOS SOBRE A PROPRIEDADE 91

4.1	Evolução histórica	91
4.2	Espécies de impostos sobre a propriedade	93
4.3	Critérios de seleção e espécies a serem analisadas	94
4.4	Imposto sobre a Propriedade Territorial Rural (ITR)	94
4.4.1	Fundamento legal	94
4.4.2	Hipótese de incidência	95
4.5	Imposto sobre a Propriedade Predial e Territorial Urbana (IPTU)	98
4.5.1	Fundamento legal	98
4.5.2	Hipótese de incidência	98

CAPÍTULO 5

DA IMUNIDADE TRIBUTÁRIA RECÍPROCA DOS BENS AFETADOS À CONCESSÃO DO SERVIÇO PÚBLICO DE ENERGIA ELÉTRICA 101

5.1	Incidência, não incidência, imunidade e isenção	101
5.2	Da imunidade tributária recíproca – CR/88, art. 150, VI, "a"	105
5.2.1	Da imunidade tributária recíproca no direito comparado	108
5.2.2	Posição no direito comparado: a experiência de Portugal com o Imposto Municipal sobre Imóveis	109
5.3	Da imunidade tributária recíproca dos bens afetados à concessão do serviço público de energia elétrica	112
5.4	Posição da doutrina	113
5.5	Posição da jurisprudência dos Tribunais Superiores e entendimento pacificado do CARF	116
5.5.1	Entendimento do CARF sobre o ITR nas áreas alagadas dos reservatórios das usinas hidroelétricas	116
5.5.2	Análise crítica de julgados do Superior Tribunal de Justiça (STJ)	117
5.5.3	Análise crítica de julgados do STF	127

CONCLUSÃO 143

REFERÊNCIAS 147

PREFÁCIO

Com a presente obra – *Imunidade tributária dos bens afetados à concessão de energia* –, fruto da combinação entre *expertise* no setor de energia elétrica e disposição acadêmica para adentrar e explorar os meandros da mais transdisciplinar doutrina pátria, o advogado tributarista José Carlos Martins do Nascimento firmou-se, com louvor, Mestre em Direito Empresarial.

Nos capítulos que compõem esta obra, o autor desenvolve com naturalidade o tema que se insere em seu campo de atuação profissional e acadêmica. Realizando um profundo exame doutrinário e jurisprudencial da matéria, o autor parte de uma abordagem típica do campo da Teoria Geral do Direito da importância do princípio da segurança jurídica, especialmente em relação à matéria tributária, para a atividade empresarial, destacando, também, os principais tributos incidentes sobre o setor elétrico.

Em seguida, percorrendo a vasta doutrina administrativista sobre a concessão de serviços públicos, sempre cônscio das peculiaridades caras ao setor da energia elétrica e ao direito positivado a vigorar, o autor proporciona uma melhor compreensão do papel dos princípios regulatórios no tocante à tributação da propriedade sobre os bens afetados à exploração do serviço pelos concessionários.

Com o intuito de oferecer uma obra consistente em rico repositório de experiências à consideração do leitor, José Carlos Martins do Nascimento não descuida da definição de propriedade, bem como das formas de obtenção do direito de prestar o serviço público de energia elétrica, a fim de extrair os reflexos tributários que podem advir dessa relação entre concessionários e Estado. Abordam-se, então, os impostos sobre a propriedade, especificamente o imposto predial e territorial urbano (IPTU) e o imposto sobre a propriedade territorial rural (ITR), para, dentre outros fins, aprofundar-se o estudo dos seus conceitos, fatos geradores e sujeitos passivos.

Com o desenvolver da pesquisa, apresentam-se os institutos da imunidade tributária recíproca dos bens afetados à concessão do serviço público de energia elétrica, não se limitando o autor ao tratamento da matéria no território brasileiro, optando por ir além e proceder a uma aproximação comparativa com o direito alienígena. Finalmente, reflete o autor acerca do posicionamento da doutrina e da jurisprudência dos tribunais superiores, sobre os quais apresenta sua análise crítica, a partir do estudo realizado.

Determinado a contribuir para o estudo da matéria, o autor aceitou enfrentar os desafios ínsitos à pesquisa científica e, como se pode aferir a partir da leitura desta relevante publicação, conclui-se que José Carlos Martins do Nascimento logrou inquestionável êxito em sua empreitada.

Conquanto não caiba, neste prefácio, adiantar as argutas conclusões que arrematam o presente trabalho, deve-se ressaltar ao leitor que, com o rigor próprio da Ciência do Direito, pôde o autor gorutubano oferecer respostas simples a questões complexas, sem, porém, deixar de atentar às várias dimensões do seu objeto, enriquecendo, pois, de forma ímpar a literatura acerca do tema da concessão do serviço público de energia elétrica e os reflexos da incidência tributária no setor. A leitura é, mais do que recomendada, essencial.

Belo Horizonte, março de 2016.

André Mendes Moreira

Professor Adjunto de Direito Tributário dos Cursos de Graduação, Mestrado e Doutorado da UFMG. Professor Adjunto de Direito Tributário do Curso de Mestrado em Direito Empresarial das Faculdades Milton Campos. Doutor em Direito Econômico e Financeiro pela USP (2009). Mestre em Direito Tributário pela UFMG (2005), onde também se bacharelou em Direito (2002). Professor convidado dos cursos de especialização em Direito Tributário das Faculdades Milton Campos e do Instituto Brasileiro de Estudos Tributários (IBET).

INTRODUÇÃO

A energia elétrica, desde a sua descoberta no século XIX, tornou-se tão essencial para o nosso mundo moderno, de sorte que sem utilizá-la é praticamente impossível realizar as tarefas mais simples do nosso cotidiano. Imagine-se uma cena simples da nossa modernidade. Um cidadão comum, que abastece o tanque do seu veículo num posto de combustíveis, efetua o pagamento com um cartão, dirige-se ao seu trabalho passando por vários semáforos, até chegar ao edifício onde trabalha. Lá, entra num elevador e sobe até o 10º andar e, chegando ao seu ambiente de trabalho, liga o seu computador para trabalhar.

A energia elétrica está presente em todos os momentos acima mencionados da vida cotidiana deste cidadão, bem como provavelmente estará presente na vida de diversos outros "tipos imaginários" que nossa mente possa criar, a partir da nossa moderna e complexa sociedade. Assim, chega-se à conclusão de que a energia elétrica está em praticamente todos os lugares e atividades modernas.

Entretanto, depois de gerada nas Usinas Hidrelétricas (fonte mais comum), a energia elétrica percorre um longo caminho até chegar ao ponto de consumo, antes de chegar ao usuário final por meio das Distribuidoras de energia elétrica. Sem entrar nos detalhes técnicos, destacamos que é necessária a utilização de *linhas de transmissão*[1] e de subestações de energia elétrica para circular das fontes de geração até o ponto de consumo da energia elétrica.

Do ponto de vista jurídico, por força do disposto na CR/88, art. 21, XII, "b",[2] compete à União explorar, *diretamente ou mediante autorização,*

---

[1] As empresas transmissoras são responsáveis pela rede que interconecta os grandes centros de geração aos centros de carga.

[2] BRASIL, Constituição Federal de 1988, art. 21, inc. XII (Da União).

concessão ou permissão os serviços e instalações de energia elétrica e o aproveitamento energético dos cursos de água, em articulação com os Estados onde se situam os potenciais hidroenergéticos. De acordo com o modelo escolhido pelo Brasil, na imensa maioria das vezes, uma concessionária – e não a própria União – opera estes ativos para a adequada prestação do serviço público de energia elétrica, entre outras atribuições previstas na Lei nº 8.987/95,[3] que dispõe sobre o regime de concessão e permissão da prestação de serviços públicos previsto no art. 175 da CR/88.[4]

Ocorre que, em algumas situações, é exigido pelos fiscos municipal e federal o pagamento de Imposto sobre Propriedade Predial e Territorial Urbana (IPTU) e Imposto sobre Propriedade Territorial Rural (ITR) sobre áreas nas quais existem bens afetados à concessão do serviço público de energia elétrica, tais como subestações, linhas de transmissão e reservatórios das usinas.

Diante desse cenário, surgem as seguintes questões: *(1) No Brasil, o Concessionário é o proprietário dos bens utilizados para a prestação do serviço público? (2) é devida a cobrança de impostos sobre a propriedade de bens afetados à concessão de serviços públicos de energia elétrica?*

Além de buscar respostas para estas indagações, o presente estudo pretende investigar, do ponto de vista jurídico regulatório e tributário, se é possível uma decisão acertada analisando somente a condição do suposto sujeito passivo, ou seja, sem analisar a condição regulatória de bens imóveis afetados à concessão e sob os quais é exigido o imposto sobre a propriedade.

Para tal, inicialmente, aborda-se a importância do princípio da segurança jurídica em matéria tributária para a atividade empresarial, destacando-se, também, os principais tributos incidentes sobre o setor elétrico.

Na sequência, estudar-se-á a concessão de serviços públicos de energia elétrica, para melhor compreensão dos princípios regulatórios envolvidos.

Estuda-se, ainda, a definição de propriedade, bem como as formas de obtenção para a prestação de serviço público de energia elétrica.

---

[3] BRASIL, Lei nº 8.987, de 13 de fevereiro de 1995. Dispõe sobre o regime de concessão e permissão da prestação de serviços públicos previsto no art. 175 da Constituição Federal, e dá outras providências.

[4] BRASIL, Constituição Federal de 1988, art. 175, §1º. Incumbe ao Poder Público, na forma da lei, diretamente ou sob regime de concessão ou permissão, sempre através de licitação, a prestação de serviços públicos.

No tópico seguinte, abordam-se os impostos sobre a propriedade, especificamente, o IPTU e o ITR, para, entre outros aspectos, aprofundar-se no estudo do seu conceito, fato gerador e sujeito passivo.

Desenvolvendo-se a pesquisa, serão apresentados os institutos da imunidade tributária recíproca dos bens afetados à concessão do serviço público de energia elétrica, a matéria no direito comparado, bem como o posicionamento da doutrina e da jurisprudência dos tribunais superiores, sob as quais se apresenta uma análise crítica a partir do estudo realizado.

Por fim, informa-se que foi adotada como técnica de pesquisa a documentação indireta, com consulta a fontes primárias legislativas, bem como a fontes secundárias, mediante investigação bibliográfica. O estudo foi desenvolvido por meio do emprego do método hipotético-dedutivo, partindo-se de argumentos gerais para, então, proceder-se ao desenvolvimento de raciocínio em torno da hipótese firmada.

CAPÍTULO 1

O PRINCÍPIO DA SEGURANÇA JURÍDICA EM MATÉRIA TRIBUTÁRIA E SUA IMPORTÂNCIA PARA A ATIVIDADE EMPRESARIAL

Neste tópico, aborda-se a importância do princípio da segurança jurídica em matéria tributária para a atividade empresarial. Preliminarmente à análise do que seria o princípio da segurança jurídica em matéria tributária, cumpre observar os conceitos de princípio e da segurança jurídica.

1.1 Do conceito de princípios

Para Ávila (2012),[5] os princípios são normas imediatamente finalísticas, primariamente prospectivas e com pretensão de complementariedade e de parcialidade, para cuja aplicação demandam uma avaliação da correlação entre o estado de coisas a ser promovido, e os efeitos decorrentes da conduta havida como necessária à sua promoção.

Bandeira De Mello (2009)[6] define princípio como o mandamento nuclear de um sistema, alicerce deste, disposição fundamental que se irradia sobre diferentes normas compondo-lhes o espírito e critério para sua exata compreensão e inteligência, sobretudo, por definir a lógica e a racionalidade do sistema normativo, conferindo-lhe a tônica e o sentido harmônico. Sobre a violação de um princípio, o ilustre doutrinador ensina que:

---

[5] ÁVILA, Humberto. *Segurança jurídica:* entre permanência, mudança e realização no Direito Tributário. São Paulo: Malheiros, 2012. p. 203.

[6] BANDEIRA DE MELLO, Celso Antônio. *Curso de Direito Administrativo.* São Paulo: Malheiros, 2009. p. 53.

> *Violar um princípio é muito mais grave que transgredir uma norma qualquer.* A desatenção ao princípio implica ofensa não apenas a um específico mandamento obrigatório, mas todo o sistema de comandos. *É a mais grave forma de ilegalidade ou inconstitucionalidade,* conforme o escalão do princípio atingido, *porque representa insurgência contra todo o sistema, subversão de seus valores fundamentais,* contumélia irremissível a seu arcabouço lógico e corrosão de sua estrutura mestra. (BANDEIRA DE MELLO, 2009, p. 53, grifos nossos)

Ensina Silva (2006)[7] que princípios "são ordenações que se irradiam e imantam os sistemas de normas", e, como observam Canotilho e Moreira (2014),[8] "núcleos de condensações' nos quais confluem valores e bens constitucionais." Ao versar sobre a estabilidade dos direitos subjetivos, abordando a segurança das relações jurídicas, o autor assevera que:

> A segurança jurídica consiste no conjunto de condições que tornam possível às pessoas o conhecimento antecipado e reflexivo das consequências jurídicas diretas de seus atos e de seus fatos à luz da liberdade reconhecida. *Uma importante condição da segurança jurídica está na relativa certeza* de que os indivíduos têm *(sic)* de que as relações realizadas sob o império de uma norma devem perdurar ainda quando tal norma seja substituída. (SILVA, 2006, p. 433, grifo nosso)[9]

Assim, esclarece-se a relevância dos princípios para o ordenamento jurídico e estuda-se, na sequência, o princípio da segurança jurídica.

1.2 Do conceito de segurança jurídica

Embora a Constituição Federal não traga um rol de princípios em matéria tributária, seu preâmbulo anuncia a instituição de um Estado Democrático que tem como valor supremo, entre outros, a segurança, *in verbis:*[10]

---

[7] SILVA, José Afonso da. *Curso de Direito Constitucional Positivo.* São Paulo: Malheiros, 2006. p. 92.

[8] CANOTILHO, J. J. Gomes; MOREIRA, Vital. *Fundamentos da constituição.* Coimbra: Coimbra Ed., 1991. p. 15.

[9] *Ibidem,* p. 20.

[10] É uma expressão em latim usada no contexto jurídico que significa "nestes termos" ou "nestas palavras".

Nós, representantes do povo brasileiro, reunidos em Assembléia Nacional Constituinte para *instituir um Estado Democrático, destinado a assegurar* o exercício dos direitos sociais e individuais, a liberdade, *a segurança,* o bem-estar, o desenvolvimento, a igualdade e a justiça como valores supremos de uma sociedade fraterna, pluralista e sem preconceitos, fundada na harmonia social e comprometida, na ordem interna e internacional, com a solução pacífica das controvérsias, promulgamos, sob a proteção de Deus, a seguinte CONSTITUIÇÃO DA REPÚBLICA FEDERATIVA DO BRASIL. (CR/88, preâmbulo, grifo nosso)[11]

Nesse sentido, Torres (2011)[12] destaca que "não há dúvida de que a segurança, enquanto princípio (direito positivo), veicula valores, e ela própria é também um valor, cuja preservação e garantias incumbe ao Estado, ainda que os cidadãos possam argui-la contra ações do próprio Estado". O autor destaca ainda que, apesar de o princípio da segurança jurídica estar fartamente consagrado na CR/88[13] como derivação de diversos outros princípios, somente a partir da EC nº 45/2004 o termo segurança jurídica foi alçado ao patamar constitucional.

Segundo Lenza (2011), reveladora é a redação do art. 2º da Lei nº 9.784/1999,[14] ao prever a segurança jurídica como princípio da Administração Pública, a ser atendido no âmbito do procedimento e do processo administrativo, sem esquecer-se de mencionar que, em louvor da expectativa da legítima confiança na segurança jurídica, cabe ao Superior Tribunal de Justiça (STF) decidir até mesmo o momento a partir do qual as situações passam a suportar o ônus dos efeitos das declarações de inconstitucionalidade de lei ou ato normativo,[15] em atendimento ao disposto no art. 27 da Lei nº 9.868/1999,[16] *in verbis:*[17]

---

[11] *Ibidem,* p. 17.

[12] TORRES, Heleno Taveira. *Direito Constitucional Positivo e Segurança Jurídica*: Metódica da Segurança Jurídica do Sistema Constitucional Tributário. São Paulo: Melhoramentos, 2011. p. 28.

[13] BRASIL, Constituição Federal de 1988.

[14] BRASIL, Lei nº 9.784/1999: "Art. 2º A Administração Pública obedecerá, entre outros, aos princípios da legalidade, finalidade, motivação, razoabilidade, proporcionalidade, moralidade, ampla defesa, contraditório, segurança jurídica, interesse público e eficiência".

[15] LENZA, Pedro. *Direito constitucional esquematizado.* 15. ed. rev., atual. e ampl. São Paulo: Saraiva, 2011. p. 285.

[16] BRASIL, Lei nº 9.868, de 10 de novembro de 1999. Dispõe sobre o processo e julgamento da ação direta de inconstitucionalidade e da ação declaratória de constitucionalidade perante o Supremo Tribunal Federal.

[17] É uma expressão em latim usada no contexto jurídico que significa "nestes termos" ou "nestas palavras".

> Lei 9.868/1999: Art. 27. Ao declarar a inconstitucionalidade de lei ou ato normativo, e tendo em vista razões de *segurança jurídica* ou de excepcional interesse social, poderá o Supremo Tribunal Federal, por maioria de dois terços de seus membros, restringir os efeitos daquela declaração ou decidir que ela só tenha eficácia a partir de seu trânsito em julgado ou de outro momento que venha a ser fixado. (Lei nº 9.868/1999, art. 27, grifo nosso)

Spagnol (2004)[18] ressalta que não se pode iniciar a análise dos princípios tributários, enquanto balizas ao poder de tributar, de forma divorciada da compreensão do tributo no contexto de um Estado Democrático de Direito, uma lápide da Constituição da República.

Amaro (2010)[19] destaca que o princípio da certeza do direito, de que decorre o princípio da segurança jurídica, desdobra-se em diversos enunciados e se enlaça com outros lineamentos do nosso sistema jurídico, e ao versar sobre o princípio da legalidade tributária e tipicidade assevera que:

> O princípio é informado pelos ideais de justiça e segurança jurídica, valores que poderiam ser solapados se à administração pública fosse permitido, livremente, decidir quando, como e de quem, cobrar tributos. Esse princípio é multissecular, tendo sido consagrado, na Inglaterra, na Magna Carta de 1215, do Rei João Sem Terra, a quem os barões ingleses impuseram a necessidade de prévia aprovação dos súditos para a cobrança de tributos (*no taxation without representation*). (AMARO, 2010, p. 133-134)

Paulsen (2012),[20] ao dissertar sobre a segurança jurídica, destaca que:

> Segurança é a qualidade daquilo que está livre de perigo, livre de risco, protegido, acautelado, garantido, do que se pode ter certeza ou, ainda, daquilo em que se pode ter confiança, convicção. O *Estado de Direito* constitui, por si só, uma referência de segurança. Esta se revela com detalhamento, ademais, em inúmeros dispositivos constitucionais, especialmente em *garantias que visam a proteger*, acautelar, garantir, livrar de risco e assegurar, prover certeza e confiança, resguardando as pessoas

---

[18] SPAGNOL, Werther Botelho. *Curso de direito tributário*. Belo Horizonte: Del Rey, 2004. p. 98.

[19] AMARO, Luciano. *Direito Tributário Brasileiro*. 16. ed. São Paulo: Saraiva, 2010. p. 133-134.

[20] PAULSEN, Leandro. *Curso de Direito Tributário Completo*. 4. ed. Porto Alegre: Livraria do Advogado, 2012. p. 70.

do arbítrio. A garantia e a determinação de promoção da segurança revelam-se no plano deôntico ("dever ser"), implicitamente, como princípio da segurança jurídica. (PAULSEN, 2012, p. 70, grifos nossos)

Carvalho (2012)[21] destaca que não há por que confundir a certeza do direito naquela acepção de índole sintática, com o cânone da segurança jurídica e assevera que:

> *Aquele é atributo essencial*, sem o que não se produz enunciado normativo com sentido deôntico; *este último é decorrência de fatores sistêmicos que utilizam o primeiro de modo racional e objetivo*, mas dirigido à implantação de um valor específico, qual seja o de coordenar o fluxo das interações inter-humanas, no sentido de propagar no seio da comunidade social o sentimento de previsibilidade quanto aos efeitos jurídicos da regulação da conduta. Tal sentimento tranquiliza os cidadãos, *abrindo espaço para o planejamento de ações futuras, cuja disciplina jurídica conhecem, confiantes que estão no modo pelo qual a aplicação das normas do direito se realiza.* Concomitantemente, *a certeza do tratamento normativo dos fatos já consumados, dos direitos adquiridos e da força da coisa julgada, lhes dá a garantia do passado.* Essa bidirecionalidade passado/futuro é fundamental para que se estabeleça o clima de segurança das relações jurídicas, motivo por que dissemos que o princípio depende de fatores sistêmicos. (CARVALHO, 2012, p. 159, grifos nossos)

O autor ressalta, ainda, que é desnecessário encarecer que a segurança das relações jurídicas é indissociável do valor justiça, e sua concretização é um objetivo continuamente perseguido pelos povos cultos.

1.3 Do princípio da segurança jurídica em matéria tributária

Torres (2011)[22] cita que, "em matéria tributária, a legalidade e a constitucionalização de suas regras, por si só, as formas mais eloquentes de compromisso do Estado com a segurança jurídica." Porém, o autor destaca que isso não basta, sendo necessário que o Estado disponibilize meios para conferir efetividade a tais preceitos, de onde resultaria o necessário desvelamento da implicitude material da segurança jurídica.

---

[21] CARVALHO, Paulo de Barros. *Curso de Direito Tributário*. 24. ed. São Paulo: Saraiva, 2012. p. 159.

[22] *Ibidem*, p. 20.

O autor defende que, numa Constituição de Estado Democrático de Direito, a segurança do sistema tributário equivale à consolidação de todo o garantismo constitucional, motivo pelo qual, segundo ele, somente poderá ser delimitada a partir de um exame rigoroso da sua correlação com uma teoria do método jurídico, do sistema de direito positivo e com uma teoria dos princípios comprometida com valores.

Ao versar acerca da segurança jurídica do Sistema Constitucional Tributário, Torres (2011) destaca que:

> A segurança jurídica do Sistema Constitucional Tributário deve propiciar elevado grau de confiança legítima não somente quanto à forma ou aos efeitos da legalidade, mas também quanto à substância dos critérios adotado para efetivação de outros princípios, imunidades, garantias e competências, inclusive aqueles pertinentes ao subsistema de justiça tributária (não discriminação, vedação de privilégios, capacidade contributiva, proteção ao mínimo vital, não confisco, entre outros). *Nisso consiste o regime de segurança jurídica sistêmica inerente ao Estado Democrático de Direito aplicado à matéria tributária, um sistema de confiabilidade e efetividade de direitos e garantias dos contribuintes e do próprio Estado,* a depender do tipo de relação jurídica constitucional instaurada. (TORRES, 2011, p. 34, grifos nossos)

Para Paulsen (2012),[23] o princípio da segurança jurídica constitui, ao mesmo tempo, um subprincípio do princípio do Estado de Direito e um sobreprincípio relativamente a princípios decorrentes que se prestam à afirmação de normas importantes para a efetivação da segurança. Subprincípio porque se extrai do princípio do Estado de Direito e o promove, e sobreprincípio, pois dele derivam outros valores a serem promovidos na linha de desdobramento da sua concretização.

O autor afirma, ainda, que todo o conteúdo normativo do princípio da segurança jurídica se projeta na matéria tributária, e faz uma importante distinção que permite uma melhor identificação da potencialidade normativa do princípio da segurança jurídica, especificando os seguintes conteúdos: i) certeza do direito; ii) intangibilidade das posições jurídicas; iii) estabilidade das situações jurídicas; iv) confiança no tráfego jurídico ou proteção à confiança do contribuinte; e v) devido processo legal.

---

[23] *Ibidem*, p. 21.

Acerca da certeza do direito, Paulsen (2012)[24] destaca que este conteúdo é ligado aos princípios da legalidade, irretroatividade, anterioridade, e diz *respeito ao conhecimento do direito vigente e aplicável aos casos*, de modo que as pessoas possam orientar suas condutas conforme os efeitos jurídicos estabelecidos, buscando determinado resultado jurídico ou evitando consequência indesejada. Visualiza, ainda, a compreensão das garantias previstas na Constituição da República Federativa do Brasil (CR/88), em especial nos artigos 150, I (legalidade estrita), 150, III (irretroatividade, anterioridade de exercício e anterioridade nonagesimal mínima), e 195, §6º (anterioridade nonagesimal das contribuições de seguridade social), como realizadoras da certeza do direito no que diz respeito à instituição e à majoração de tributos. Bem como, na visão do autor, permite que se perceba mais adequadamente o alcance de cada uma, e o acréscimo de proteção que representam relativamente às garantias gerais da legalidade relativa, do direito adquirido, do ato jurídico perfeito e da coisa julgada, positivados no art. 5º, CR/88.[25]

Sobre a *intangibilidade das posições jurídicas*, Paulsen destaca que este *conteúdo é ligado à proteção ao direito adquirido e ao ato jurídico perfeito*, e pode ser vislumbrado, por exemplo, no que diz respeito à consideração da formalização de um parcelamento de dívida tributária como ato jurídico perfeito, a vincular o contribuinte e o ente tributante, gerando todos os efeitos previstos nas normas gerais de Direito Tributário, como a suspensão da exigibilidade do crédito tributário prevista no Código Tributário Nacional (CTN), art. 151, VI,[26] e o consequente direito a certidões negativas de débito descrito no CTN, art. 206.[27] Para o autor, no caso das isenções onerosas, cumpridas as condições pelo contribuinte, este terá direito adquirido ao gozo do benefício pelo prazo previsto em lei, restando impedida a revogação ou modificação da isenção a qualquer tempo, quando concedida por prazo certo, e em

---

[24] *Ibidem*, p. 21.

[25] BRASIL, Constituição Federal de 1988.

[26] CTN, Art. 151. Suspendem a exigibilidade do crédito tributário:
[...] VI – o parcelamento. (Incluído pela LCP nº 104, de 2001)
Parágrafo único. O disposto neste artigo não dispensa o cumprimento das obrigações assessórios dependentes da obrigação principal cujo crédito seja suspenso, ou dela consequentes.

[27] CTN, Art. 206. Tem os mesmos efeitos previstos no artigo anterior a certidão de que conste a existência de créditos não vencidos, em curso de cobrança executiva em que tenha sido efetivada a penhora, ou cuja exigibilidade esteja suspensa.

função de determinadas condições nos termos do art. 178 do CTN.[28] Ele destaca ainda, que, nesses casos, é aplicável a garantia assegurada no art. 5º, XXXVI, da CR/88,[29] segundo o qual a lei não prejudicará o direito adquirido, o ato jurídico perfeito e a coisa julgada.

Ao lecionar sobre a estabilidade das situações jurídicas, Paulsen (2012)[30] defende que trata-se de *conteúdo ligado à decadência, prescrição extintiva e aquisitiva*, e evidencia-se nos arts. 150, §4º, 173 e 174 do CTN,[31] que estabelecem prazos decadenciais (para a constituição de créditos tributários) e prescricionais (para a exigência compulsória dos créditos), ambos quinquenais. O autor lembra que também há garantia de estabilidade no art. 168 do CTN,[32] em combinação com o art. 3º da

---

[28] CTN, Art. 178. A isenção, salvo se concedida por prazo certo e em função de determinadas condições, pode ser revogada ou modificada por lei, a qualquer tempo, observado o disposto no inciso III do art. 104. (*Redação dada pela Lei Complementar nº 24, de 1975*)

[29] BRASIL, Constituição Federal de 1988.

[30] *Ibidem*, p. 21.

[31] CTN, Art. 150. O lançamento por homologação, que ocorre quanto aos tributos cuja legislação atribua ao sujeito passivo o dever de antecipar o pagamento sem prévio exame da autoridade administrativa, opera-se pelo ato em que a referida autoridade, tomando conhecimento da atividade assim exercida pelo obrigado, expressamente a homologa. [...] §4º Se a lei não fixar prazo a homologação, será ele de cinco anos, a contar da ocorrência do fato gerador; expirado esse prazo sem que a Fazenda Pública se tenha pronunciado, considera-se homologado o lançamento e definitivamente extinto o crédito, salvo se comprovada a ocorrência de dolo, fraude ou simulação.
[...] CTN, Art. 173. O direito de a Fazenda Pública constituir o crédito tributário extingue-se após 5 (cinco) anos, contados:
I - do primeiro dia do exercício seguinte àquele em que o lançamento poderia ter sido efetuado;
II - da data em que se tornar definitiva a decisão que houver anulado, por vício formal, o lançamento anteriormente efetuado.
Parágrafo único. O direito a que se refere este artigo extingue-se definitivamente com o decurso do prazo nele previsto, contado da data em que tenha sido iniciada a constituição do crédito tributário pela notificação, ao sujeito passivo, de qualquer medida preparatória indispensável ao lançamento.
Art. 174. A ação para a cobrança do crédito tributário prescreve em cinco anos, contados da data da sua constituição definitiva.
Parágrafo único. A prescrição se interrompe:
I – pelo despacho do juiz que ordenar a citação em execução fiscal; (Redação dada pela Lcp nº 118, de 2005); II - pelo protesto judicial; III - por qualquer ato judicial que constitua em mora o devedor; IV - por qualquer ato inequívoco ainda que extrajudicial, que importe em reconhecimento do débito pelo devedor.

[32] CTN, Art. 168. O direito de pleitear a restituição extingue-se com o decurso do prazo de 5 (cinco) anos, contados:
I - nas hipóteses dos incisos I e II do artigo 165, da data da extinção do crédito tributário; (Vide art 3 da LCp nº 118, de 2005); II - na hipótese do inciso III do artigo 165, da data em que se tornar definitiva a decisão administrativa ou passar em julgado a decisão judicial que tenha reformado, anulado, revogado ou rescindido a decisão condenatória.

Lei Complementar (LC) nº 118,[33] que estabelece prazo quinquenal, para que o contribuinte exerça seu direito ao ressarcimento de indébito tributário por compensação ou pleitear a repetição.

No tocante à *confiança no tráfego jurídico ou proteção à confiança do contribuinte*, Paulsen (2012)[34] observa que se trata de *conteúdo ligado à cláusula geral da boa-fé, teoria da aparência, princípio da confiança*, e exemplifica fundamentando no art. 100 do CTN,[35] que estabelece que a observância das normas complementares das leis e dos decretos exclui a imposição de penalidades e a cobrança de juros de mora e inclusive a atualização do valor monetário da base de cálculo do tributo. Destaca Paulsen que, mesmo a título de proteção à boa-fé, tem-se, ainda, a proteção do contribuinte em casos de circulação de bens importados sem o pagamento dos tributos devidos, e, em todos esses casos, assegura-se a confiança no tráfego jurídico.

Por fim, Paulsen (2012) ensina que o conteúdo denominado *devido processo legal é relacionado ao direito à ampla defesa inclusive no processo administrativo, direito de acesso ao Judiciário e garantias específicas como o mandado de segurança.* Para o autor, este conteúdo é identificado nos diversos instrumentos processuais colocados à disposição do contribuinte para o questionamento de créditos tributários, tanto na esfera administrativa, valendo-se do Decreto nº 70.235/72,[36] como na esfera judicial, destacando-se a amplitude que se reconhece ao mandado de segurança em matéria tributária e os meios específicos para a dedução de direitos em juízo, como a ação anulatória e as ações consignatória e de repetição de indébito tributário. Em se tratando de acesso à jurisdição, remédios e garantias processuais, impende

---

[33] LC 118/05, Art. 3º Para efeito de interpretação do inciso I do art. 168 da Lei nº 5.172, de 25 de outubro de 1966 – Código Tributário Nacional, a extinção do crédito tributário ocorre, no caso de tributo sujeito a lançamento por homologação, no momento do pagamento antecipado de que trata o §1º do art. 150 da referida Lei.

[34] *Ibidem*, p. 21.

[35] CTN, Art. 100. São normas complementares das leis, dos tratados e das convenções internacionais e dos decretos:
I - os atos normativos expedidos pelas autoridades administrativas; II - as decisões dos órgãos singulares ou coletivos de jurisdição administrativa, a que a lei atribua eficácia normativa; III - as práticas reiteradamente observadas pelas autoridades administrativas; IV - os convênios que entre si celebrem a União, os Estados, o Distrito Federal e os Municípios.
Parágrafo único. A observância das normas referidas neste artigo exclui a imposição de penalidades, a cobrança de juros de mora e a atualização do valor monetário da base de cálculo do tributo.

[36] BRASIL, Decreto nº 70.235, de 6 de março de 1972. Dispõe sobre o processo administrativo fiscal, que assegura direito à impugnação e recursos, dentre outras garantias.

considerar, ainda, que têm plena aplicação, também em matéria tributária. O autor evidencia ainda, com base nos incisos XXXV, LIV, LV, LVI, LXIX e LXX do art. 5º da CR/88,[37] que a segurança jurídica está presente tanto no devido processo legal, quanto no acesso à jurisdição.

Desta forma, conclui-se que o princípio da segurança jurídica em matéria tributária possui ampla relevância, seja para o contribuinte, que paga os tributos; seja para o Estado, que, *dentro dos limites legais,* cria, regulamenta, cobra, arrecada e aplica os tributos pagos pelo contribuinte; seja para o cidadão comum beneficiado (ou deveria ser) pela aplicação dos tributos recolhidos.

1.4 Principais tributos incidentes sobre o setor elétrico

Como o trabalho versa sobre o setor elétrico, é mister esclarecer os principais tributos incidentes sobre o mencionado setor.

Segundo dados do Instituto Acende Brasil,[38] podemos classificar os tributos que incidem sobre o setor elétrico em três categorias principais: (1) impostos e contribuições; (2) encargos trabalhistas; e (3) encargos setoriais.

A União dispõe de uma série de tributos que incidem sobre as empresas do setor elétrico. Dois tributos incidem *sobre o lucro das empresas de energia elétrica*: o Imposto de Renda Pessoa Jurídica (IRPJ) e a Contribuição Sobre o Lucro Líquido (CSLL). A razão para a duplicidade de tributos, originados pelo mesmo fato gerador e com a mesma base de cálculo, são as regras de destinação dos recursos prescritas na Constituição Federal de 1988.[39]

A União também arrecada recursos do setor elétrico por meio de três contribuições que incidem *sobre o faturamento das empresas*: o Programa de Integração Social (PIS), o Programa de Formação do Patrimônio do Servidor Público (PASEP) e a Contribuição para Financiamento da Seguridade Social (COFINS). Outro tributo da União é o Imposto sobre propriedade Territorial Rural (ITR), e que será objeto de análise detalhada no tópico 5.4.

---

[37] BRASIL, Constituição Federal de 1988.

[38] INSTITUTO ACENDE BRASIL. *White Paper* Edição n. 2, nov. 2010, com o tema "Tributos e encargos na conta de luz: pela transparência e eficiência".

[39] INSTITUTO ACENDE BRASIL. *White Paper* Edição n. 2, nov. 2010, com o tema "A Constituição Federal de 1988 e o sistema tributário brasileiro" do *White Paper* Edição n. 2, nov. 2010.

De todos os tributos, o mais importante em termos de participação na fatura é o Imposto sobre Circulação de Mercadorias e Serviços (ICMS),[40] cuja competência é dos governos estaduais, e incide sobre o valor de venda de energia elétrica.[41]

Os governos municipais dispõem de três tributos pelos quais podem recolher recursos financeiros do setor elétrico: o Imposto sobre Serviços de Qualquer Natureza (ISS), a Contribuição para o Custeio dos Serviços de Iluminação Pública (COSIP)[42] e o Imposto sobre a Propriedade Territorial Urbana (IPTU). Este será analisado detalhadamente no tópico 5.5.

Por fim, cabe ressaltar que a tarifa de energia elétrica também é onerada pelos encargos trabalhistas, dos quais se destacam a contribuição patronal ao Instituto Nacional de Seguridade Social (INSS), as contribuições ao Fundo de Garantia por Tempo de Serviço (FGTS) e outros encargos sociais que incluem o Seguro Acidente de Trabalho (SAT), Salário Educação e o "Sistema S".[43]

1.5 Importância do princípio da segurança jurídica em tributária e da governança tributária para a atividade empresarial

Esclarecido o conceito de princípio da segurança jurídica em matéria tributária, ressalta-se que pela possível relação entre o princípio da segurança jurídica em matéria tributária e a governança tributária como mecanismo de efetivação desse princípio, sobretudo na esfera empresarial, dedicar-se-á ao estudo da governança tributária e sua importância para a atividade empresarial.

---

[40] Sobre ICMS consultar: (1) CARRAZA, Roque. ICMS. *Sobre o ICMS*. São Paulo: Malheiros, 2009; (2) KALUME, Célio Lopes. *ICMS Didático*. Belo Horizonte: Del Rey, 2014.

[41] ABRADEE. *O mapa das alíquotas de ICMS no Brasil, segregado por segmento* (residencial, baixa renda, industrial, comercial e rural), por Estado Federativo. Disponível em: <http://www.abradee.com.br/financeiro/mapa-das-aliquotas-icms-brasil>. Acesso em: 10 abr. 2015.

[42] A COSIP é o tributo mais recente: foi instituída em 2002, pela Emenda Constitucional nº 39. Ela é cobrada dos consumidores pelas concessionárias e repassada aos municípios para o custeio da rede de iluminação pública.

[43] Engloba o Serviço Social da Indústria (SESI), Serviço Social do Comércio (SESC), Serviço Social do Transporte (SEST), Serviço Nacional de Aprendizagem Industrial (SENAI), Serviço Nacional de Aprendizagem Comercial (SENAC), Serviço Brasileiro de Apoio às Micro e Pequenas Empresas (SEBRAE), Serviço Nacional de Aprendizagem Rural (SENAR), Serviço Nacional de Aprendizagem do Transporte (SENAT) e Serviço Social do Cooperativismo (SESCOOP).

Dessa forma, preliminarmente, procurou-se esclarecer os conceitos de governança e de governança corporativa, com o qual a governança tributária tem profunda ligação, para, a partir desta análise, detalhar o conceito de governança tributária e como sua operacionalização pode se revelar importante para a sobrevivência e o crescimento empresarial.

1.5.1 Do conceito de governança

Destaca Gonçalves (2005)[44] que a expressão governança não é um conceito jurídico, mas oriunda de documentos oficiais do Banco Mundial do início da década de 1990, fixou-se mais como uma expressão ligada mais à Ciência Política e às Relações Internacionais, o que não afasta seu estudo pelo Direito, *in verbis:*[45]

> Em primeiro lugar, deve ser destacado que governança não é um conceito jurídico. Originário, como visto, de documentos oficiais do Banco Mundial do início da década de 90, fixou-se mais como uma expressão ligada mais à Ciência Política e às Relações Internacionais. Ainda assim, ao Direito, como ciência social aplicada, interessa compreender e verificar a aplicabilidade do conceito à sua teoria e prática. Ora, os objetivos do Direito como ciência são regular os conflitos. Sua ação e funcionamento desenvolve-se dentro de um jogo de forças, sendo a norma um produto dessas disputas. (GONÇALVES, 2005, p. 7)

Segundo o Banco Mundial (2012),[46] a "Governança é composta das tradições e instituições pelas quais a autoridade de um país é exercida. Isso inclui o processo pelo qual os governos são selecionados, monitorados e substituídos, a capacidade do governo de efetivamente formular e implementar políticas sólidas, e o respeito dos cidadãos e do Estado para as instituições que governam as interações econômicas e sociais entre eles".

---

[44] GONÇALVES, Alcindo. *O conceito de Governança*. São Paulo. 2005. Disponível em <http://www.conpedi.org.br/manaus/arquivos/Anais/Alcindo%20Goncalves.pdf>. Acesso em: 27 set. 2014.

[45] É uma expressão em latim usada no contexto jurídico que significa "nestes termos" ou "nestas palavras".

[46] BANCO MUNDIAL. Disponível em: <http://info.worldbank.org/governance/wgi/index.aspx#home>. Acesso em: 30 set. 2014.

Governance consists of the traditions and institutions by which authority in a country is exercised. This includes the process by which governments are selected, monitored and replaced; the capacity of the government to effectively formulate and implement sound policies; and the respect of citizens and the state for the institutions that govern economic and social interactions among them. (WORLD BANK, 2012)

O Banco Mundial (2012)[47] criou os Indicadores de Governação Mundial – *Worldwide Governance Indicators* (WGI), por meio do quais aponta indicadores de governança globais e individuais para 215 economias ao longo do período 1996 a 2011, para seis dimensões de governança:

1. Voz e Responsabilização (*Voice and Accountability*) – capta a percepção de até que ponto os cidadãos de um país são capazes de participar na seleção de seu governo, bem como a liberdade de expressão, liberdade de associação e uma mídia livre.

2. Estabilidade Política e Ausência de Violência (*Political Stability and Absence of Violence*) – mede a percepção da probabilidade de que o governo será desestabilizado ou derrubado por meios inconstitucionais ou violentos, incluindo violência política e o terrorismo.

3. Eficácia Governamental (*Government Effectiveness*) – capta a percepção da qualidade dos serviços públicos, a qualidade do serviço público e do grau de sua independência das pressões políticas, a qualidade da formulação e implementação da políticas e a credibilidade do compromisso do governo de tais políticas.

4. Qualidade da Regulação (*Regulatory Quality*) – capta a percepção da capacidade do governo de formular e implementar políticas sólidas e regulamentos que permitam e promovam o desenvolvimento do setor privado.

5. Estado de Direito (*Rule of Law*) – capta a percepção da extensão em que os agentes têm confiança e respeitam as regras de sociedade, e em particular a qualidade da execução dos contratos, direitos de propriedade, a polícia e os tribunais, bem como a probabilidade de crime e violência.

6. Controle da Corrupção (*Control of Corruption*) – capta a percepção da extensão em que o poder público é exercido para

---

[47] WOLRD BANK. *The Worldwide Governance Indicators (WGI)*. Disponível em <http://info.worldbank.org/governance/wgi/index.aspx#home>. Acesso em: 30 set. 2014.

ganho privado, incluindo as diferentes formas de corrupção, bem como a "captura" do Estado pelas elites e interesses privados.

É mister destacar a conclusão de Gonçalves (2005),[48] segundo o qual:

> A governança não é ação isolada da sociedade civil buscando maiores espaços de participação e influência. Ao contrário, o conceito compreende a ação conjunta de Estado e sociedade na busca de soluções e resultados para problemas comuns. Mas é inegável que o surgimento dos atores não-estatais é central para o desenvolvimento da idéia e da prática da governança. Para o Direito, a governança tem a ver com a presença crescente desses atores no cenário político e social. Trata-se de estabelecer regras e normas para sua participação, ainda que não com formalização institucional estrita. (GONÇALVES, 2005, p. 14)

Assim, conclui-se, à luz dos mencionados documentos do Banco Mundial, que o conceito de governança compreende a ação conjunta de Estado e sociedade na busca de soluções e resultados para problemas comuns.

1.5.2 Da governança corporativa

Gonçalves (2005)[49] ainda ressalta que um dos sérios problemas da análise científica é a imprecisão dos conceitos, e sobre a utilização da palavra governança assevera:

> Com a palavra governança parece estar acontecendo um movimento de uso amplo da expressão, sem que sua utilização esteja cercada do cuidado analítico que requer. É preciso, portanto, precisar o seu significado no contexto em que é aplicado. Além disso, vale a pena destacar que governança tem aplicação em variados campos, com sentidos diferentes. (GONÇALVES, 2005, p. 2)

Assim, destacamos que o conceito de governança foi amplamente difundido e, como não podia deixar de ser, também foi internalizado no ambiente Corporativo, ligado ao Direito de Negócios, com as suas peculiaridades.

---

[48] *Ibidem*, p. 29.
[49] *Ibidem*, p. 29.

O Instituto Brasileiro de Governança Corporativa (IBGC),[50] por meio do Código das Melhores Práticas da Governança Corporativa, assim definiu:

> Governança Corporativa é o sistema pelo qual as organizações são dirigidas, monitoradas e incentivadas, envolvendo os relacionamentos entre proprietários, Conselho de Administração, Diretoria e órgãos de controle. As boas práticas de Governança Corporativa convertem princípios em recomendações objetivas, alinhando interesses com a finalidade de preservar e otimizar o valor da organização, facilitando seu acesso a recursos e contribuindo para sua longevidade. (IBGC, 2010, p. 19)

Segundo Andrade e Rossetti (2006),[51] existem princípios éticos inegociáveis, que traduzem os princípios a que deve atender a alta gestão das companhias, e que, por serem considerados universais, estes princípios estão presentes em todos os códigos de boa governança editados em todas as partes do mundo.

São quatro os pilares clássicos da governança corporativa, a saber: (1) equidade (*fairness*): ligado ao senso de justiça e equidade no tratamento dos acionistas; (2) transparência (*disclosure*), que versa sobre a transparência das informações, especialmente das de alta relevância, que impactam os negócios e que envolvem resultados, oportunidades e riscos; (3) prestação de contas (*accountability*) que é a prestação responsável de contas, fundamentada nas melhores práticas contábeis e de auditoria; e (4) responsabilidade corporativa (*Compliance*) fundamentada pela conformidade no cumprimento de normas reguladoras, expressas nos estatutos sociais, nos regimes internos e nas instituições legais do país.

Assim, concluímos que, conceitualmente, a governança corporativa surgiu como forma de promover a melhor administração, decorrente da separação entre a propriedade e a gestão empresarial. A proposta da governança corporativa é criar um conjunto eficiente de mecanismos, tanto de incentivos quanto de monitoramento, a fim de assegurar que o comportamento dos executivos esteja sempre alinhado com os interesses dos acionistas.

---

[50] Instituto Brasileiro de Governança Corporativa (IBGC). *Código das Melhores Práticas da Governança Corporativa*. São Paulo. 2010. Disponível em: <http://www.ibgc.org.br/userfiles/files/Codigo_Final_4a_Edicao.pdf>. Acesso em: 29 set. 2014.

[51] ANDRADE, Adriana; ROSSETTI, José Paschoal. *Governança Corporativa*: Fundamentos, Desenvolvimento e Tendências. 2. ed. atual. e ampl. São Paulo: Atlas, 2006. p. 143.

1.5.3 Da governança tributária

Para Martinez (2012),[52] o advogado sempre foi visto como aquele profissional frequentador de fóruns, que patrocinava o interesse de seu cliente em demandas jurisdicionais, motivo pelo qual a grande maioria dos escritórios localizava-se nas regiões centrais das cidades, justamente pela conveniência da proximidade em relação aos órgãos públicos em que se estaria atuando diariamente.

O autor defende que o mundo mudou profundamente, e o advogado não deve mais possuir a postura estritamente de litigante processual de outrora. Ao versar sobre o chamado "novo advogado empresarial", ele defende que este profissional deve possuir habilidades complementares, mais abrangentes, de forma a atender às reais expectativas de seus clientes e propiciar-lhes melhores resultados.

Entende-se no presente estudo que a capacidade de tratar com a governança tributária é uma dessas habilidades requeridas para o novo advogado empresarial. *Mas o que seria governança tributária?*

Para Ferreira (2011),[53] a governança tributária ainda é um conceito em desenvolvimento. Contudo, pode-se dizer que ela se relaciona, de maneira genérica, ao sistema por meio do qual as empresas (de qualquer porte) são dirigidas, eficazmente, frente à tributação a que estão expostas, e visa à coordenação e elaboração de estratégias, além do controle e revisão dos encargos tributários. Em apertada síntese, seria um instrumento de prevenção, de antecipação a eventuais fiscalizações e autuações do fisco.

Amaral e Amaral (2011)[54] ainda citam que a governança tributária compreende a implementação de uma política corporativa saudável e consistente, adequada à legítima maximização de resultados, à identificação e quantificação de riscos tributários. Além disso, busca o estabelecimento de métodos eficientes para gerenciamento e controle de todos os aspectos tributários do negócio e do fornecimento de informações claras, objetivas e confiáveis aos administradores, investidores e público em geral.

---

[52] MARTINEZ, Rodrigo Reis Bella. O novo advogado empresarial. *Jus Navigandi*, Teresina, ano 17, n. 3149, 14 fev. 2012. Disponível em: <http://jus.com.br/revista/texto/21079>. Acesso em: 29 jul. 2014.

[53] FERREIRA, Marcelo José Ferraz. *Governança Tributária*. Já pensou nisso? Disponível em: <http://exame.abril.com.br/rede-de-blogs/advogado-corporativo/2011/05/24/governanca-tributaria/>. Acesso em: 30 set. 2014.

[54] AMARAL, Letícia Mary Fernandes do; AMARAL, Gilberto Luiz do. Governança Tributária na prática. *Revista Governança Tributária*. São Paulo, p. 10-13, jun. 2011. Disponível em: <http://www.governancatributaria.com.br>. Acesso em: 09 fev. 2014.

Os autores ao explicarem a origem histórica da governança tributária lembram que ela ganhou espaço com o desenvolvimento da governança corporativa, após os escândalos envolvendo os departamentos fiscais das empresas norte-americanas, Enron e WorldCom, entre outubro de 2001 e março de 2002. Destacam que, assim como na governança corporativa, a governança tributária visa à transparência das informações fornecidas aos acionistas e ao mercado, com a distinção de ter como foco informações tributárias, nelas incluídas as contábeis e as fiscais.

Amaral e Amaral (2008)[55] destacam que a boa governança tributária, além de ser um princípio em si, deve ser praticada seguindo-se os princípios gerais aplicáveis à governança corporativa e também alguns outros princípios que lhe são específicos, tais como moralidade e ética nos negócios, legalidade, *Compliance*,[56] preservar a reputação da empresa e de seus administradores, e lucratividade. Em função da pertinência temática, procurou-se apresentar apenas os princípios da legalidade e do *Compliance, in verbis*:[57]

> LEGALIDADE: *a empresa deve ser gerida de forma a sempre obedecer as leis tributárias,* incluindo-se aí as normas infra-legais e as leis de outros ramos do direito que tenham influência nas questões tributárias (como, por exemplo, leis criminais, societárias, trabalhistas, contábeis, *etc*). Deve ser dada especial atenção para a lei que regula os crimes contra a ordem tributária e as normas acerca de fraude, sonegação e conluio na esfera tributária, as quais atingem diretamente os representantes legais das empresas e, muitas vezes, administradores, sócios, acionistas e até auditores independentes e contadores. No Brasil, com o crescimento da atribuição, por parte do fisco, da responsabilidade por infrações tributárias aos representantes, gerentes e diretores da empresa, não apenas os bens das sociedades são atingidos pelo inadimplemento das obrigações tributárias, mas também, cada vez mais, o patrimônio dos seus representantes legais. Ademais, mesmo que indevidamente, o fisco tem buscado – e, muitas vezes, conseguido – aplicar a teoria da Desconsideração da Personalidade Jurídica em matéria tributária para atingir diretamente o patrimônio dos sócios, nas hipóteses de abuso da

---

[55] AMARAL, Letícia Mary Fernandes do; AMARAL, Gilberto Luiz do. *Governança Tributária*: princípios e prática. São Paulo. 2008. Disponível em: <http://amaraleassociados.com/artigoMostra2.php?id=14&PHPSESSID=d3ed55497f2c543ee3ee96ca1a669ced>. Acesso em: 05 fev. 2014.

[56] É uma expressão em inglês que significa "Responsabilidade Corporativa".

[57] É uma expressão em latim usada no contexto jurídico que significa "nestes termos" ou "nestas palavras".

personalidade jurídica, caracterizada pela confusão patrimonial e pelo desvio de finalidade.

[...] *COMPLIANCE: a empresa deve ser gerida de forma a sempre cumprir com todas as obrigações tributárias, principais e acessórias.* Os negócios da sociedade, bem como seus resultados, devem obedecer aos padrões regulatórios geralmente aceitos. O Conselho de Administração ou os administradores *devem obedecer a toda a legislação societária, de modo que os resultados da empresa sejam transparentes e representem a sua verdadeira situação financeira.* Devem ser seguidos os manuais contábeis mais usualmente aceitos para a elaboração e apresentação das demonstrações financeiras. Além do IFRS (*International Financial Reporting Standards*), para as empresas multinacionais ou internacionais, também é importante observar os manuais contábeis fiscais internacionais (como, por exemplo, *US-GAAP – Generally Accepted Accounting Principles (United States), FASB – "Financial Accounting Standards board" – Statement* n. 109 e suas interpretações relativas à contabilidade do imposto de renda). Alguns manuais de governança corporativa também são de observância elementar, como "O guia da OCDE para empresas multinacionais" (*OECD'S Guidelines for Multinational Enterprises*), que apresenta disposições interessantes no que se refere à tributação (04) e, como já visto, o *US Sarbanes-Oxley Act of 2002,* que dispõe de regras importantes relativas a aspectos tributários. (AMARAL; AMARAL, 2008, grifos nossos)[58]

Os autores propõem que, a fim de colocar os princípios que regem a governança tributária em prática, sejam adotadas pelas empresas as seguintes medidas: (1) cumprimento das obrigações acessórias; (2) conduta de planejamento tributário; (3) conduta de gerenciamento de riscos tributários; (4) relacionamento com as autoridades fiscais; (5) relacionamento com o governo; (6) relacionamento com sócios, acionistas, imprensa e lobistas; (7) relacionamento da empresa com seu grupo; (8) participação em fóruns de discussão e debates acerca de questões tributárias; e (9) decisão acerca do nível de divulgação dessas políticas fiscais cabe aos administradores da empresa.

Ao concluirem o seu artigo, os autores destacam que:

A governança tributária, como pôde ser verificado, *adquire relevância não apenas nas grandes corporações, como também em sociedades menores mas que já possuam uma certa repartição de atribuições entre seus órgãos internos.* Isso porque seu grande objetivo é transmitir transparência fiscal tanto aos departamentos que nem sempre se encontram a par das estratégias

---

[58] *Ibidem*, p. 33.

relativas à tributação da empresa – como é o caso, muitas vezes, do Conselho de Administração/ administradores – quanto às demais partes interessadas na solidez e sucesso do negócio. *Transparência fiscal, por sua vez, somente se coloca possível quando a empresa se dispõe a agir com ética e moral na condução de suas atividades.* (AMARAL; AMARAL, 2008, grifos nossos)

Por todo o exposto, pode-se concluir que a governança tributária faz parte da governança corporativa, e também almeja maximizar o valor da empresa no mercado com ênfase na transparência, prestação de contas e melhores práticas.

Corrobora-se com o entendimento exarado, haja vista que, indubitavelmente, os tributos representam severo risco à atividade empresarial, de modo que sua gestão ineficaz pode comprometer a sustentabilidade dos negócios. Assim, deve ser especialmente considerada na governança corporativa, e igualmente pela governança tributária, pela aplicação dos princípios de transparência, equidade, prestação de contas (*accontability*) e responsabilidade corporativa (*compliance*).

1.5.4 Importância da governança tributária para a atividade empresarial

O princípio da segurança jurídica em matéria tributária é tema de elevada relevância para o ordenamento jurídico do nosso País, de forma especial para o ambiente empresarial. Entretanto, por diversas vezes, parece residir num ambiente de abstração, o que faz com que sua concretude seja de difícil percepção.

No campo tributário, a governança tributária traz relativa materialização, concretude a este princípio, uma vez que, valendo-se de uma de suas funções, o *Compliance*,[59] tem por objetivo garantir o cumprimento dos requisitos legais aplicáveis ao negócio. Assim, ao buscar a conformidade com a Lei, a governança tributária colabora com a materialização do princípio da segurança jurídica, com ganhos para toda a coletividade.

Por fim, cabe concluir que uma boa estrutura de governança tributária busca articular os departamentos jurídico, fiscal, contábil, financeiro e regulatório das empresas, de forma a minimizar riscos

---

[59] *Ibidem*, p. 33.

e potencializar a legítima economia tributária, segundo elevados parâmetros éticos e em *compliance*[60] à letra e ao espírito da legislação aplicável aos negócios. Trata-se de importante mecanismo para que as empresas cumpram, de forma justa, o dever fundamental de pagar impostos, que, bem administrados, podem gerar desenvolvimento nacional por meio da redução das desigualdades sociais.

---

[60] *Ibidem*, p. 33.

CAPÍTULO 2

DA CONCESSÃO DE SERVIÇOS PÚBLICOS DE ENERGIA ELÉTRICA

Esclarecida a importância do princípio da segurança jurídica em matéria tributária para a atividade empresarial, e antes de tratar especificamente dos impostos sobre a propriedade de bens afetados à concessão do serviço público de energia elétrica, é imprescindível uma análise detalhada dos conceitos envolvidos na referida concessão, sob pena de não se realizar uma análise adequada da tributação sobre a propriedade destes bens. Assim, cuida-se de rever alguns conceitos sobre a matéria.

2.1 Concessão de serviços públicos

Preliminarmente, é imprescindível esclarecer o conceito de serviço público. A tarefa não é das mais simples, pois existe unanimidade na doutrina acerca da dificuldade em se definir, com precisão, o que seriam serviços públicos, haja vista, sobretudo, que tal expressão admite mais de um sentido.

Em que pese a existência de inúmeras definições para o termo,[61] para efeito de nosso estudo, adotaremos a definição de Carvalho Filho (2014),[62] que assim preceitua:

> Em nosso entender, o conceito deve conter os diversos critérios relativos à atividade pública. De forma simples e objetiva, *conceituamos serviço público como toda atividade prestada pelo Estado ou por seus delegados,*

---

[61] Para conceituação de serviço público em sentido amplo e em sentido estrito, ver DI PIETRO, 2014, p. 100.

[62] CARVALHO FILHO, José dos Santos. *Manual de direito administrativo*. 27. ed. rev., ampl. e atual. até 31-12-2013. São Paulo: Atlas, 2014. p. 329.

basicamente sob regime de direito público, com vistas à satisfação de necessidades essenciais e secundárias da coletividade. (CARVALHO FILHO, 2014, p. 329, grifos nossos)

Segundo o autor, as características do serviço público são: (1) sujeito estatal, almejando a um interesse público, os serviços públicos se incluem como um dos objetivos do Estado, motivo pelo qual eles são criados e regulamentados pelo Poder Público, a quem também incumbe a efetiva fiscalização; (2) interesse coletivo, uma que vez que o Estado, sendo gestor dos interesses da coletividade, não pode alvitrar outro objetivo senão o de propiciar a seus súditos todo o tipo de comodidades a serem por eles fruídas; e (3) regime de direito público, pois, como o serviço é instituído pelo Estado e objetiva o interesse coletivo, nada mais natural que ele se submeta a regime de direito público.[63]

Carvalho Filho (2014) destaca, ainda, que o Estado tem a seu cargo os serviços públicos a serem executados em prol da coletividade, desempenhando nesse caso uma gestão direta dessas atividades, mas ressalva:

Ocorre, porém, que frequentemente delega a outras pessoas a prestação daqueles serviços, gerando, por conseguinte, *o sistema da descentralização dos serviços.* Quando se trata de *pessoas integrantes da própria Administração*, a descentralização enseja a *delegação legal,* ao contrário do que acontece quando a execução dos serviços é transferida a pessoas da iniciativa privada através de atos e contratos administrativos, hipótese que constitui a delegação negocial. (CARVALHO FILHO, 2014, p. 371, grifos nossos)

Assim, observa o autor que a delegação negocial se consuma por meio de negócios jurídicos celebrados entre o Poder Público e o particular, que se caracterizam por receber o influxo de normas de direito público, haja vista a finalidade a que se destinam, ou seja, o atendimento a demandas da coletividade ou do próprio Estado. Para ele, esta forma especial de descentralização é materializada mediante contratos de concessões e as permissões de serviços públicos.

Cabe esclarecer que a classificação básica divide as concessões de serviços públicos em: (1) concessões comuns e (2) concessões especiais. A diferença entre elas pode ser melhor visualizada na Tabela 1:

---

[63] CARVALHO FILHO, José dos Santos. *Manual de direito administrativo.* 27. ed. rev., ampl. e atual. até 31-12-2013. São Paulo: Atlas, 2014. p. 329-331.

Tabela 1

Quadro comparativo entre concessões comuns e especiais

Quesitos	Concessões comuns	Concessões especiais
Fundamento legal	Lei nº 8.987, de 13.02.1995.	Lei nº 11.079, de 30.12.2004[64] (PPP).
Modalidades	1) Concessões de serviços públicos simples. 2) Concessões de serviços públicos precedidas da execução de obra pública; tendo como característica o fato de que o poder *concedente não oferece qualquer contrapartida pecuniária ao concessionário*; todos os seus recursos provêm das tarifas pagas pelos usuários.	1) Concessões patrocinadas, quando a contraprestação pecuniária do concedente representa um adicional à tarifa cobrada dos usuários. 2) Concessões administrativas, quando a Administração Pública é a usuária direta ou indireta da prestação do serviço, da obra ou do fornecimento.

Fonte: Elaborado pelo autor (2015).

Por pertinência temática, a nossa análise se concentrará nas concessões comuns previstas na Lei nº 8.987/95, art. 2º, II, de 13.02.1995, especificamente nas concessões de serviços públicos simples.

2.1.1 Evolução histórica

Furtado (2013)[65] cita que o instituto da concessão de serviço público remonta suas origens ao liberalismo econômico. Apesar de terem sido identificadas formas bastante incipientes de transferência de atividades estatais a particulares, somente com o liberalismo, sobretudo com a implantação do Estado de Direito, a concessão de serviço público deixa de ser considerada forma de proteção dos interesses dos protegidos pelo Regente e assume a forma de instituto jurídico com delineamentos próprios. O autor destaca, ainda, que, com o Estado de Direito, a concessão passa a constituir o primeiro instrumento de que se valeu o Direito Administrativo para transferir aos particulares a gestão de serviços públicos.

---

[64] Institui normas gerais para licitação e contratação de parceria público-privada no âmbito da administração pública.

[65] FURTADO, Lucas Rocha. *Curso de direito administrativo*. 4. ed. rev. e atual. Belo Horizonte: Fórum, 2013.

2.1.2 Conceito

Carvalho Filho (2014),[66] ao conceituar a concessão de serviço público simples, a clássica modalidade de serviço delegado pelo Poder Público, destaca que:

> Concessão de serviço público é o *contrato administrativo pelo qual a Administração Pública transfere à pessoa jurídica* ou a consórcio de empresas a execução de certa atividade de interesse coletivo, remunerada através do sistema de tarifas pagas pelos usuários. Nessa relação jurídica, a Administração Pública é denominada de concedente, e, o executor do serviço, de concessionário. (CARVALHO FILHO, 2014, p. 374, grifos nossos)

Di Pietro (2014)[67] destaca que "só existe concessão de serviço público quando se trata de serviço de titularidade do Estado", e Bandeira de Mello (2009) cita que "o poder público transfere apenas a execução do serviço"[68] e conserva a sua titularidade, o que lhe permite dele dispor de acordo com o interesse público.

No caso do serviço público de energia elétrica, em função da previsão constitucional do art. 21, XII, "b", da CR/88, tem-se que:

> Art. 21. Compete à União:
>
> [...] XII - explorar, *diretamente ou mediante autorização, concessão ou permissão*:
>
> [...] b) *os serviços e instalações de energia elétrica e o aproveitamento energético dos cursos de água*, em articulação com os Estados onde se situam os potenciais hidroenergéticos. (CR/88, art. 21, XII, b, grifos nossos)[69]

Aqui cabe a primeira ponderação acerca do tema estudado. Nos contratos de concessão de serviço público, à luz do ensinamento de Di Pietro (2014) e Bandeira de Mello (2009), a União transfere *somente* a execução da atividade.

Ocorre, que, se os bens continuassem registrados em nome da União, a concessionária, obviamente, estaria impedida de explorá-los

---

[66] *Ibidem*, p. 38.

[67] DI PIETRO, Maria Sylvia Zanella. *Direito Administrativo*. 27. ed. São Paulo: Atlas, 2014. p. 308.

[68] BANDEIRA DE MELLO, Celso Antônio. *Curso de Direito Administrativo*. São Paulo: Malheiros, 2009. p. 675.

[69] BRASIL, Constituição Federal de 1988, art. 21, inc. XII (Da União).

mediante concessão. Logo, tem-se que o eventual registro dos bens da concessão em nome da concessionária é uma medida regulatória necessária para a realização do serviço público, mas não a transforma em proprietária dos bens afetados ao serviço público de energia elétrica, que continuam pertencendo à concessão, logo, à União.

Assim, a concessionária é a pessoa jurídica de direito privado, meio indireto de prestação do serviço público de energia elétrica, como mera exploradora das instalações de energia elétrica de propriedade da Concessão, logo, ativos de propriedade da União.

Por todo o exposto, tem-se que o serviço público de energia elétrica é considerado serviço público exclusivo delegável, ou seja, deve ser prestado necessariamente pelo Estado, que pode realizar esta prestação direta ou mediante delegações a particulares, a quem é transferida *apenas* a execução da atividade, e não titularidade do serviço, nem propriedade das instalações, que continua pertencendo à União, como se demonstrará, com argumentos adicionais, ao longo do presente estudo.

2.1.3 Princípios

Como o serviço público é instituído pelo Estado e almeja o interesse público, ele está submetido ao regime de Direito Público, o que implica dizer que ele deve obediência aos princípios do Direito Administrativo, definidos na Constituição, seja expressos, seja implícitos. Assim sendo, Di Pietro (2014)[70] cita que, além dos princípios de legalidade, impessoalidade, moralidade, publicidade e eficiência, razoabilidade e proporcionalidade, entre outros, deverá respeitar os princípios que regulamentam a prestação dos serviços públicos definidos na Lei nº 8.987/95.[71]

Assim sendo, na sequência, são conceituados os princípios do dever de prestação, generalidade ou universalidade, modicidade, atualidade ou adaptabilidade, cortesia ou urbanidade, economicidade, submissão de controle, isonomia, continuidade ou permanência,

---

[70] DI PIETRO, Maria Sylvia Zanella. *Direito Administrativo*. 27. ed. São Paulo: Atlas, 2014. p. 63-89.

[71] BRASIL, Lei nº 8987/95. Art. 6º Toda concessão ou permissão pressupõe a prestação de serviço adequado ao pleno atendimento dos usuários, conforme estabelecido nesta Lei, nas normas pertinentes e no respectivo contrato. §1º Serviço adequado é o que satisfaz as condições de regularidade, continuidade, eficiência, segurança, atualidade, generalidade, cortesia na sua prestação e modicidade das tarifas.

regularidade e livre acesso às redes. Adicionalmente, destaca-se a aplicabilidade de cada princípio na prestação de serviço público no setor elétrico.

2.1.3.1 Do dever de prestação

Para Bandeira de Mello (2009),[72] é o dever inescusável do Estado de promover-lhe a prestação, seja diretamente (exceção), nos casos previstos para a prestação direta, ou indiretamente (regra geral) mediante autorização, concessão ou delegação.

Já Carvalho (2014)[73] destaca, ainda, que, caso o Estado se omita, pode ser compelido a agir ou responsabilizar-se pelos danos, conforme o caso, mediante ação judicial.

2.1.3.2 Generalidade ou universalidade

Para Villela Souto (2005),[74] a generalidade exige que os serviços públicos sejam prestados em benefício de todas as pessoas que estejam em condições de recebê-los, vedada a discriminação entre os usuários do serviço público, e completa:

> Decorrente do princípio da impessoalidade, *tal princípio justifica a imposição, pelos reguladores, de metas sociais aos prestadores de serviços públicos*, especialmente em favor de usuários de baixa renda, portadores de deficiência, localidades distantes, em razão das quais podem, ainda, resultar em modificações de tarifas e/ou subsídios cruzados (sempre preservando o equilíbrio econômico dos contratos). (VILLELA SOUTO, 2005, p. 219, grifos nossos)

Assim, como destacado pelo autor, envolve o dever de inclusão social, concretizador do princípio da dignidade da pessoa humana.

Como exemplo da aplicação do princípio da universalidade ao serviço público de energia elétrica, cita-se o Programa "Luz para Todos", do Governo Federal.

---

[72] BANDEIRA DE MELLO, Celso Antônio. *Curso de Direito Administrativo*. São Paulo: Malheiros, 2009. p. 627.

[73] CARVALHO, Matheus. *Manual de direito administrativo*. Salvador: Juspodivm, 2014. p. 590.

[74] VILLELA SOUTO, Marcos Juruena. *Direito Administrativo Regulatório*. 2. ed. Rio de Janeiro, 2005. p. 219.

2.1.3.3 Modicidade

A doutrina clássica entende o princípio da modicidade como determinação para que as tarifas cobradas pelos usuários dos serviços sejam as mais baixas possíveis, a fim de manter a prestação do serviço à maior parte da coletividade e remunerar de forma justa o Concessionário.

Nesse sentido, Villela Souto (2005)[75] ensina que a modicidade das tarifas é a própria consequência do princípio da generalidade, por força do qual as tarifas devem ser o mínimo possível onerosas para os usuários. Além disso, o autor apresenta entendimento de que não violaria tal princípio a adoção de políticas tarifárias que busquem estabelecer um valor mínimo, para viabilizar o serviço, ou a progressividade para racionalizar o uso de recursos naturais.

Por oportuno, cabe destacar que Nascimento e Pacheco (2014)[76] expandem o conceito de modicidade das tarifas para o conceito de modicidade do serviço público, uma vez que, atualmente, as tarifas são apenas uma parte do valor total pago pelo usuário do serviço público de energia elétrica, que também paga uma elevada carga tributária sobre as tarifas. Assim, o adequado seria buscar a modicidade do serviço público de energia elétrica, o que inclui a discussão da carga tributária, e não somente a modicidade das tarifas.

2.1.3.4 Atualidade ou adaptabilidade

Este princípio estabelece que a prestação do serviço público seja sempre realizada dentro das técnicas mais modernas, o que implica, também, a modernidade dos equipamentos, das instalações e a sua conservação, bem como as melhorias e expansão do serviço. Tudo isso, sem perder de vista o custo a ser repassado ao consumidor final.[77]

Um bom exemplo de atualidade no serviço público de distribuição de energia elétrica foi a substituição das redes convencionais de alumínio nu por cabos de alumínio isolado, que, além de proporcionarem maior

---

[75] VILLELA SOUTO, Marcos Juruena. *Direito Administrativo Regulatório*. 2. ed. Rio de Janeiro, 2005. p. 220.

[76] NASCIMENTO, José Carlos Martins do; PACHECO, Sérgio. *Equívocos na busca à modicidade tarifária no setor elétrico:* Debates pendentes na área tributária, CONPEDI, Disponível em: <http://www.publicadireito.com.br/artigos/?cod=d068761b6d5f5087>. Acesso em: 18 fev. 2015.

[77] Ver sobre *economicidade e investimentos prudentes* no tópico 3.1.3.6.

segurança na prestação do serviço, reduziram o número de acidentes com terceiros, aumentaram a disponibilidade da energia em função da redução de interrupções e, assim, reduziram despesas operacionais com manutenção e restabelecimento do sistema elétrico.

2.1.3.5 Cortesia ou urbanidade

Estabelece o dever do prestador do serviço público de ser cortês e educado com o usuário, conforme previsto na Lei nº 8.987/95, art. 6º, §1º.[78]

Villela Souto (2005)[79] destaca que, embora este princípio seja mais afeto aos deveres do servidor público, o princípio não se restringe a tal categoria de agentes, mas, ao revés, aplica-se a todos os que assumem função pública e se relacionam diretamente com o destinatário do serviço público. E complementa:

> Assim, o dever de cortesia impõe bom trato do prestador de serviço para com o usuário, bem como dotar o usuário de mecanismos para oferecer informações e petições contra a má prestação de serviço, conforto e pontualidade na prestação e no pagamento. (VILLELA SOUTO, 2005, p. 220)

No caso do serviço público de distribuição de energia elétrica, o exemplo mais claro de cortesia pode ser encontrado nas interações dos clientes com os empregados da Concessionária, como, por exemplo, centrais de atendimento e no atendimento das equipes de campo, quando da operacionalização do atendimento aos pedidos dos clientes, tais como novas ligações, reestabelecimento de energia (plantão), obras de reforma e expansão da rede, questões comerciais, entre outras.

2.1.3.6 Economicidade

Carvalho (2014)[80] observa que a economicidade carrega a noção de eficiência na prestação de serviço público, com resultados positivos à sociedade e com gastos dentro dos limites da razoabilidade.

---

[78] *Ibidem*, p. 41.
[79] *Ibidem*, p. 43.
[80] CARVALHO, Matheus. *Manual de direito administrativo*. Salvador: Juspodivm, 2014. p. 591.

No caso específico da prestação de serviço público de distribuição de energia elétrica, cabe ressaltar que a ANEEL (2007)[81] considerou o método do custo de reposição a valor de mercado como o mais adequado aos princípios regulatórios, sobretudo no que refere ao equilíbrio da relação entre concessionárias e consumidores. O fator determinante na escolha da ANEEL foi a coerência dos custos com os investimentos estritamente necessários à prestação dos serviços, denominados *investimentos prudentes*, que devem ser remunerados pela tarifa, conforme a seguir:

> De acordo com essa metodologia, *a definição da base de remuneração considera apenas o valor dos ativos das concessionárias que estejam efetivamente prestando serviços ao consumidor* (subestações, linhas de distribuição, edifícios, etc.). Conforme previsto na Resolução ANEEL nº 234/2006, *esse valor será comparado com modelos referenciais estabelecidos pela Agência*, específicos para cada empresa, que reflitam as condições econômicas e geográficas de suas respectivas áreas de concessão e os níveis de eficiência na prestação dos serviços. (ANEEL, 2007, grifos nossos)

Para ANEEL (2007), o objetivo dessa metodologia é evitar que sejam remunerados, nas tarifas cobradas dos consumidores, ativos com valor acima do necessário para a prestação do serviço adequado.

2.1.3.7 Submissão de controle

Carvalho (2014)[82] destaca que os serviços públicos devem ser controlados pela sociedade, assim como pela própria Administração Pública, como forma de garantir os demais princípios.

No caso específico da prestação de serviço público de distribuição de energia elétrica, cabe ressaltar que a Agência Nacional de Energia Elétrica (ANEEL), autarquia sob regime especial, vinculada ao Ministério de Minas e Energia (MME), criada pela Lei nº 9.427/96, sucessora do Departamento Nacional de Águas e Energia Elétrica (DNAEE), é a Agência responsável por regular e fiscalizar a produção, transmissão, distribuição e comercialização de energia elétrica, em conformidade com as políticas e diretrizes do governo federal.

---

[81] ANEEL. *Perguntas e respostas sobre tarifas das distribuidoras de energia elétrica.* Brasília, 2007. Disponível em: <http://www.aneel.gov.br/biblioteca/perguntas_e_respostas.pdf>. Acesso em: 19 fev. 2015.

[82] *Ibidem*, p. 44.

2.1.3.8 Isonomia

Carvalho Filho (2014)[83] assevera que a prestação dos serviços não pode criar diferenciação indevida entre os usuários. Dessa forma, não pode o Poder Público se esmerar na execução das atividades de um particular, em detrimento dos demais cidadãos, e destaca:

> *O princípio da generalidade apresenta-se com dupla faceta.* Significa, *de um lado, que os serviços públicos devem ser prestados com a maior amplitude possível,* vale dizer, deve beneficiar o maior número possível de indivíduos. Mas é preciso dar relevo também ao *outro sentido, que é o de serem eles presta dos sem discriminação entre os beneficiários,* quando tenham estes as mesmas condições técnicas e jurídicas para a fruição. Cuida-se de aplicação do princípio da isonomia ou, *mais especificamente, da impessoalidade (art. 37, CF).* Alguns autores denominam esse modelo como princípio da igualdade dos usuários, realçando, portanto, a necessidade de não haver preferências arbitrárias. (CARVALHO FILHO, 2014, p. 339, grifos nossos)

É lícito concluir que o autor elenca o princípio da isonomia como uma das facetas do princípio da generalidade.

2.1.3.9 Continuidade ou permanência

Para Carvalho Filho (2014), este princípio indica que os serviços públicos não devem sofrer interrupção, o que implica dizer que sua prestação deve ser contínua para evitar que a paralisação provoque colapso nas múltiplas atividades particulares. Para o autor, a continuidade deve estimular o Estado ao aperfeiçoamento e à extensão do serviço, recorrendo, quando necessário, às modernas tecnologias, adequadas à adaptação da atividade às novas exigências sociais.

Nesse sentido, Villela Souto (2005)[84] destaca que, pela continuidade, exige-se a permanência na prestação do serviço público, exatamente pelo fato de que as necessidades públicas são contínuas e, como os serviços públicos se destinam a atender tais necessidades, devem ser atendidas sem interrupções.

Sobre a suspensão do serviço público, Carvalho Filho (2014)[85] observa que:

---

[83] CARVALHO FILHO, José dos Santos. *Manual de direito administrativo.* 27. ed. rev., ampl. e atual. até 31-12-2013. São Paulo: Atlas, 2014. p. 339.

[84] *Ibidem,* p. 43.

[85] *Ibidem,* p. 46.

Merece destaque, nesse passo, breve consideração sobre a suspensão do serviço público, matéria que tem trazido algumas discrepâncias nos Tribunais e entre os juristas. *O assunto deve ser examinado sob dois ângulos. O primeiro consiste na hipótese em que o usuário do serviço deixa de observar os requisitos técnicos para a prestação.* Nesse caso, o Poder Público pode suspender a prestação do serviço, pois que, se lhe incumbe prestá-lo, compete ao particular beneficiário aparelhar-se devidamente para possibilitar a prestação. *Readequando-se às necessidades técnicas ensejadoras do recebimento do serviço, o usuário tem o direito a vê-lo restabelecido.*

Solução diversa ocorre quando o usuário deixa de pagar o serviço. A despeito de algumas divergências, e com o abono de alguns estudiosos, *entendemos que se deva distinguir os serviços compulsórios e os facultativos. Se o serviço for facultativo*, o Poder Público pode suspender-lhe a prestação no caso de não pagamento, o que guarda coerência com a facultatividade em sua obtenção. É o que sucede, por exemplo, com os serviços prestados por concessionários, cuja suspensão é expressamente autorizada pela Lei n° 8.987/1995, que dispõe sobre concessões de serviços públicos (art. 6°, §3°, II). Tratando-se, no entanto, de *serviço compulsório, não será permitida a suspensão*, e isso não somente porque o Estado o impôs coercitivamente, como também porque, sendo remunerado por taxa, tem a Fazenda mecanismos privilegiados para cobrança da dívida. Tais soluções são as que nos parecem mais compatíveis na relação Estado-usuário. (CARVALHO FILHO, 2014, p. 339, grifos nossos)

Carvalho Filho (2014) destaca a ocupação temporária de bens e substituição prevista na Lei n° 8.666/93, art. 58, V,[86] como mecanismo de garantia da não interrupção da atividade administrativa. Trata-se, segundo o autor, de cláusula exorbitante dos contratos administrativos que visa a evitar uma indevida paralisação da atividade exercida pelo particular contratado pelo Estado.

Eis um princípio muito importante para o esclarecimento da problemática apresentada para propriedade, e para a tributação de bens afetados à concessão do serviço público de energia elétrica.

Em sendo o imóvel afetado ao serviço público de energia elétrica, pelo princípio da continuidade, aliado a outros princípios, tais como economicidade, modicidade tarifária, a concessionária não poderá alienar o referido imóvel, sem a autorização do proprietário, o poder

---

[86] BRASIL, Lei n° 8.666/93, Art. 58. O regime jurídico dos contratos administrativos instituído por esta Lei confere à Administração, em relação a eles, a prerrogativa de: [...] V - nos casos de serviços essenciais, ocupar provisoriamente bens móveis, imóveis, pessoal e serviços vinculados ao objeto do contrato, na hipótese da necessidade de acautelar apuração administrativa de faltas contratuais pelo contratado, bem como na hipótese de rescisão do contrato administrativo.

concedente, conforme se detalha no item 4.1 - Propriedade. Oportuno destacar, ainda, que a reversão, analisada no item 3.4, também é uma consequência do princípio da continuidade.[87]

Por fim, destacamos que existem outras questões envolvendo o princípio da continuidade, que, entretanto, por impertinência temática, não serão retratados neste estudo.[88]

2.1.3.10 Regularidade

Villela Souto (2005)[89] ensina que não basta que os serviços sejam contínuos, eficientes e universais, mas também conservem seus padrões de qualidade, sem interrupções, cabendo ao órgão regulador a definição de parâmetros técnicos de sua prestação. O autor destaca que na aplicação deste princípio deve resultar uma ponderação, sob pena de, em nome da eficiência técnica, sacrificar-se a modicidade e, consequentemente, a generalidade. Para ele, da mesma forma, deve-se atentar para os princípios da razoabilidade e da realidade, não se exigindo além daquilo já conhecido, experimentado e adequado ao atendimento do interesse geral.

No caso específico do serviço público de distribuição de energia elétrica, a aplicação deste princípio é regulada pela ANEEL, que, visando manter a qualidade na prestação do serviço público de distribuição de energia elétrica, exige que as concessionárias mantenham um padrão de continuidade e, para tal, edita limites para os indicadores coletivos de continuidade, Duração Equivalente de Interrupção por Unidade Consumidora (DEC) e Frequência Equivalente de Interrupção por Unidade Consumidora (FEC), bem como para garantir o nível de tensão a ser utilizado para a rede de Distribuição.[90]

---

[87] Para questões envolvendo Direito do Consumidor, ver. CARVALHO FILHO, José dos Santos. *Manual de direito administrativo*. 27. ed. rev., ampl. e atual. até 31/12/2013. São Paulo: Atlas, 2014. p. 340.

[88] Para questões envolvendo greves de agentes públicos, inadimplemento do usuário do serviço, *exceptio non adimpleti contractus*, ver CARVALHO FILHO, José dos Santos. *Manual de direito administrativo*. 27. ed. rev., ampl. e atual. até 31-12-2013. São Paulo: Atlas, 2014. p. 592-598.

[89] VILLELA SOUTO, Marcos Juruena. *Direito Administrativo Regulatório*. 2. ed. Rio de Janeiro, 2005. p. 221.

[90] Para saber mais detalhes técnicos, ler o Módulo 8 dos *Procedimentos de Distribuição*. PRODIST. Disponível em: <http://www.aneel.gov.br/arquivos/PDF/Módulo8_Revisão_6_Retificação_1.pdf>. Acesso em: 19 fev. 2015.

Assim, os indicadores são apurados pelas Distribuidoras e enviados periodicamente para a ANEEL, para verificação da continuidade do serviço prestado, o que permite que a Agência avalie a continuidade da energia oferecida à população.

Segundo o sítio da ANEEL (2007),[91] está em implantação o Sistema ANEEL de Monitoração da Qualidade da Energia Elétrica, que dará à Agência acesso direto e automático às informações sobre a qualidade do fornecimento, sem que dependa de dados encaminhados pelas empresas, uma vez que, por via telefônica, o sistema permitirá imediata recepção dos dados sobre interrupção e restabelecimento do fornecimento de energia elétrica, bem como acerca da conformidade dos níveis de tensão nos pontos em que os equipamentos de monitoração estiverem instalados. Dessa forma, ele medirá os indicadores da qualidade do serviço prestado pelas concessionárias de energia.

A ferramenta será importante mecanismo de controle para a Superintendência de Fiscalização dos Serviços de Eletricidade (SFE), que faz um acompanhamento da qualidade de modo mais eficaz e, além disso, poderá auditar os dados fornecidos pelas concessionárias. Os indicadores calculados pelo Sistema são: os de interrupção (DEC, FEC, DIC e FIC) relativos à duração e à frequência das interrupções, por conjunto de consumidores e por consumidor individual; e os de níveis de tensão (DRP, DRC e ICC) relativos à ocorrência da entrega de energia ao consumidor com tensões fora dos padrões de qualidade definidos pela ANEEL.

Impende destacar que a Distribuidora possui limites de DEC e FEC diferentes para cada conjunto de consumidores, pois a área de concessão da Distribuidora é composta por regiões com diferentes características geográficas e de mercado. Assim, algumas regiões ficam mais próximas aos centros de carga, possuem maior densidade de unidades consumidoras ou têm maior consumo. Esses fatores influenciam a qualidade da energia fornecida, que não é uniforme dentro de uma mesma área de concessão.

Dessa forma, quanto mais longe dos centros de carga, ou menor a densidade de unidades consumidoras numa determinada região, mais custo o atendimento representa para a Distribuidora, que precisa fazer mais investimentos para prestar o serviço. Ocorre que mais investimentos para aumentar a qualidade representam mais impacto

---

[91] ANEEL. *Perguntas e respostas sobre tarifas das distribuidoras de energia elétrica*. Brasília, 2007. Disponível em: <http://www.aneel.gov.br/biblioteca/perguntas_e_respostas.pdf>. Acesso em: 19 fev. 2015.

tarifário. Então, a uniformidade tarifária acaba sendo compensada pela existência de diferentes níveis de qualidade dentro de uma mesma área de concessão.[92]

A distribuidora que deixar de encaminhar, ou descumprir tais indicadores, poderá ser submetida às penalidades previstas na Resolução Normativa ANEEL nº 63, de 12 de maio 2004, de acordo com a avaliação da equipe de fiscalização e aprovação da diretoria colegiada da ANEEL.

2.1.3.11 Livre acesso às redes

O livre acesso às redes tem fundamento na *Essential Facilities Doctrine*,[93] oriunda do direito americano. Sobre o assunto, Di Pietro (2002)[94] ensina que:

> Resumidamente, pode-se dizer que a *Essential Facility Doctrine* tem um conteúdo econômico, na medida em que *restringe o direito de propriedade sobre os bens que integram a infraestrutura* dos serviços supra referidos, *tornando obrigatório o uso compartilhado*; restringe a liberdade das empresas na fixação das condições para a contratação do uso compartilhado; *protege a concorrência e protege o consumidor*. (DI PIETRO, 2002, p. 6, grifos nossos)

Sundfeld (2003)[95] ensina que há uma teoria, das *essential facilities*, criada no direito norte-americano, para fins concorrenciais, da qual resulta reconhecimento em favor das pessoas que desenvolvem atividades econômicas, de um direito subjetivo de usar as *facilities*, ou seja, as instalações alheias que sejam indispensáveis para o acesso ao

---

[92] ANEEL. *Perguntas e respostas sobre tarifas das distribuidoras de energia elétrica*. Brasília, 2007. Disponível em: <http://www.aneel.gov.br/arquivos/PDF/DIC%20FIC%20DMIC.pdf>. Acesso em: 19 fev. 2015.

[93] Palavra inglesa que significa: "Doutrina de Instalações Essenciais". Esta doutrina requer de uma empresa, ocupando posição monopolística ou posição dominante em seu próprio mercado, que ela aja de modo equitativo (não discriminatório) com relação a empresas que concorram em mercados adjacentes e que dela dependem para a obtenção de insumos essenciais. A preocupação é com a possibilidade de que um monopólio ou um duopólio ou uma posição dominante, em um mercado relevante, se estenda a outro mercado ou que, presente em um estágio de produção, alcance outro.

[94] DI PIETRO, Maria Sylvia Zanella. *Direito Administrativo*. 27. ed. São Paulo: Atlas, 2014. p. 6.

[95] SUNDFELD, Carlos Ari. Utilização remunerada do espaço público pelas concessionárias de serviços. *Revista de Direito Municipal – RDM*, Belo Horizonte, ano 4, n. 7, p. 2031, jan./mar. 2003. Disponível em: <http://bid.editoraforum.com.br/bid/PDI0006.aspx?pdiCntd=11713>. Acesso em: 19 fev. 2015.

mercado, para evitar que os donos das instalações impeçam o acesso de terceiro ao mercado, e com isto inviabilize a prática de sua atividade.

Nesse sentido, Villela Souto (2005)[96] destaca que determinados bens afetados à prestação dos serviços públicos, ou para a produção de insumos para a sua prestação, são denominados de *essencial facilities*. Segundo o autor, pelo princípio do livre acesso às redes, o titular de um bem definido como *essencial facility*[97] é obrigado a torná-lo disponível em bases não discrimatórias, e cita como exemplo a Resolução Conjunta nº 1 da ANATEL, ANEEL e ANP, de 25.11.1999, que aprovou o Regulamento Conjunto para compartilhamento de infraestrutura entre os setores de energia elétrica, telecomunicações e petróleo.

Mas engana-se quem pensa que o compartilhamento de infraestrutura ocorreu de forma amigável. Em 2001, foi baixada, pelas mesmas Agências, a Resolução Conjunta nº 2, de 27.03.2001, que dispõe sobre o processo de resolução administrativa de conflitos sobre compartilhamento de infraestrutura. E, mais tarde, Di Pietro (2002),[98] a pedido da Telesp, elaborou um Parecer sobre compartilhamento de infraestrutura por concessionárias de serviços públicos, cuja conclusão foi a seguinte:

> Em face do exposto, é possível responder da seguinte forma aos quesitos formulados pela TELESP:
>
> 1. Empresa *concessionária de serviço público tem legitimidade para cobrar de terceiro o uso compartilhado da infra-estrutura sob sua titularidade.* Em relação aos serviços de telecomunicações, a cobrança tem fundamento no artigo 73 da Lei Geral de Telecomunicações, ainda que a empresa prestadora seja concessionária de serviço público.
>
> 2. *A remuneração, prevista na lei como preço justo e razoável, tem caráter indenizatório,* devendo ser calculada em função dos custos que o uso acarreta para a titular da infra-estrutura.
>
> 3. Na hipótese de extinção, por qualquer motivo, do contrato de concessão de empresa detentora de infraestrutura que tem seu uso compartilhado com terceiros, *a continuidade do compartilhamento é garantida pela própria natureza real do direito de uso,* que acompanha a coisa nas mãos de quem quer que seja o seu titular. *Mesmo com a reversão dos bens ao poder concedente, ao término da concessão, o direito de uso compartilhado continua e tem que ser respeitado, sob pena de infringência ao princípio da continuidade do serviço público.*

---

[96] *Ibidem*, p. 48.

[97] É uma doutrina legal que descreve um tipo particular de alegação de monopolização feita sob leis de concorrência.

[98] *Ibidem*, p. 50.

4. *As concessionárias são obrigadas a compartilhar o uso de infra-estrutura de sua titularidade com terceiros, desde que haja viabilidade técnica.* Essa obrigatoriedade decorre de normas legais expressas, como a contida no artigo 73 da Lei Geral de Telecomunicações e encontra fundamento no poder de polícia do Estado, baseado no princípio da supremacia do interesse público sobre o particular, e também no princípio constitucional da função social da propriedade. Em caso de recusa, cabe recurso às vias judiciais cabíveis.

5. *Ocorrendo dissenso em relação ao compartilhamento ou às suas condições, não é dado à titular da infraestrutura impedir sua utilização face ao princípio da continuidade dos serviços públicos.* O uso tem que ser consentido, já que previsto como direito da prestadora de serviço público e essencial para garantir o princípio da continuidade do serviço público. Em caso de recusa, cabe à empresa titular do direito de uso propor as ações judiciais cabíveis, sem prejuízo da representação aos órgãos administrativos competentes para aplicar sanções, seja a própria Agência a que está afeto o detentor da infra-estrutura, seja o órgão que atua na defesa da concorrência (CADE), se for o caso.

6. *As Resoluções Conjuntas nºs 1 e 2*, da ANATEL, ANEEL e ANP exorbitam de sua função regulatória, no que diz respeito à solução de conflitos, razão pela qual não são vinculantes para as empresas a que se dirigem. Mesmo que tivessem fundamento legal, poderiam os interessados recorrer às vias judiciais independentemente de cumprimento do processo administrativo disciplinado pela Resolução nº 2. Não tendo fundamento legal, o descumprimento de suas normas não pode acarretar qualquer consequência para as concessionárias.

É o parecer. (DI PIETRO, 2002, p. 11, grifos nossos)

Di Pietro (2002)[99] destaca que o uso da rede é garantido tanto por outras empresas que atuam no mesmo setor que o detentor da rede (compartilhamento interno), como por empresas que atuam em setores diversos (compartilhamento externo).

Importante destacar que não se alinha com o entendimento segundo o qual, na *essencial facility*,[100] ocorreria uma restrição ao direito de propriedade da concessionária, pois a infraestrutura que é compartilhada é bem afetado à concessão do serviço público e, como tal, é patrimônio da concessão e não da concessionária, como será detalhado no Capítulo 4 deste trabalho.

---

[99] DI PIETRO, Maria Sylvia Zanella. *Direito Administrativo.* 27. ed. São Paulo: Atlas, 2014. p. 11.

[100] *Ibidem*, p. 51.

Debatida a questão do compartilhamento externo ou intersetorial, dedica-se à análise do compartilhamento interno, voltado basicamente para o setor elétrico. Nesta caminhada, é mister esclarecer que o fornecimento de energia elétrica pode se dar no Ambiente de Contratação Regulado (ACR), também denominado mercado cativo, ou no Ambiente de Contratação Livre (ACL), comumente denominado mercado livre.

A ANEEL[101] define o Ambiente de Contratação Regulado (ACR) como segmento do mercado no qual se realizam as operações de compra e venda de energia elétrica, entre agentes vendedores e agentes de distribuição, precedidas de licitação, ressalvados os casos previstos em lei, conforme regras e procedimentos de comercialização específicos. Já o Ambiente de Contratação Livre (ACL), segundo a mesma fonte, é segmento do mercado no qual se realizam as operações de compra e venda de energia elétrica, objeto de contratos bilaterais livremente negociados, conforme regras e procedimentos de comercialização específicos.

Para o melhor entendimento, elaboramos a Tabela 2:

Tabela 2

Quadro comparativo entre o ACL e ACR

(continua)

Quesito/ambiente	ACR	ACL
Consumidor	Cativo	Livre
Remuneração	Tarifa	Preço livremente negociado para a energia ativa (energia, consumo) e regulado para a potência ativa (montante de uso).

---

[101] ANEEL. *Glossário*. Brasília, 2015. Disponível em: <http://www.aneel.gov.br/biblioteca/glossario.cfm>. Acesso em: 18 fev. 2015.

(conclusão)

Quesito/ambiente	ACR	ACL
Fornecimento de potência ativa (MW)	Denomina-se Demanda, é medida em kW, e contratada por intermédio do contrato de Fornecimento. Existe cobrança pela ultrapassagem.	Denomina-se Montante de Uso, medida em kW, é contratado por intermédio do Contrato de Uso do Sistema (CUSD/CUST).[102] Existe cobrança pela ultrapassagem.
Fornecimento de energia ativa (MWh)	Denomina-se energia (consumo) e é medida em Wh. *Não existe montante contratado de Mwh*, sendo faturado o que for medido.	Denomina-se energia (consumo) e é medida em Wh. *Montante contratado* por meio do Contrato de Compra e Venda de energia elétrica (*CCVEE*).
Fornecedor	Distribuidora	CUSD/CUST e (CCD/CCT)[103] com a Distribuidora/Transmissora e CCVEE com a Comercializadora ou Geradora.
Concorrência/Competição	Não existe. Monopólio natural.	Existe para a componente energia (CCVEE)

Fonte: Elaborado pelo autor, 2015.

Como demonstrado, a Distribuidora de energia elétrica tem participação tanto no Ambiente de Contratação Regulada, quanto no Ambiente de Contratação Livre.

---

[102] CUSD para a Distribuição. Pode ser com a Transmissora dependendo do nível de tensão, neste caso o termo correto é Contrato de Uso do Sistema de Transmissão (CUST).

[103] CCD para a Distribuição e CCT para a Transmissão.

Ocorre que, no Ambiente de Contratação Regulado (ACR), a Distribuidora será o fornecedor de energia elétrica diretamente para o consumidor final. Já no Ambiente de Contratação Livre, o fornecimento da energia elétrica será realizado por uma Geradora ou Comercializadora, conforme o caso. O papel da Distribuidora, neste ambiente, será o compartilhamento da infraestrutura de rede/fio para que os mencionados agentes de mercado possam comercializar a sua energia, viabilizando a competição no setor.

Assim, no setor elétrico, o papel da Distribuidora varia conforme o mercado, sendo agente de monopólio natural no atendimento ao mercado cativo, que respeitará a limitação geográfica da área de concessão, ou, no mercado livre, celebrando contratos de Montante de Uso (CUSD) e Conexão (CCD), como agente de compartilhamento de infraestrutura, fundamentado na *essential facility doctrine*.[104] Por oportuno, ressalta-se que a infraestrutura compartilhada, pela sua afetação, é patrimônio da concessão do serviço público de energia elétrica, e não das concessionárias.

2.2 Da afetação dos bens ao serviço público de energia elétrica

Preliminarmente à análise acerca da afetação dos bens ao serviço público de energia elétrica, *é mister* esclarecer alguns conceitos acerca dos bens públicos.

Marques Neto (2014)[105] apresenta dois critérios conceituais da delimitação de bens públicos, o de Direito Civil, baseado na relação de propriedade, ou seja, procura saber quem possui relação jurídica de propriedade sobre a coisa pública, corrente também denominada concepção subjetiva; e o de Direito Público, baseado na sua função, consistente em saber para que finalidade esta coisa há de ser empregada no cumprimento de uma finalidade do Estado. E observa:

> [...] enquanto a preocupação do Direito Privado é saber quem é o sujeito do direito subjetivo de propriedade (e, portanto, quem está legitimado a estabelecer relação jurídica com a coisa), *o direito público necessita estar*

---

[104] *Ibidem*, p. 50.

[105] MARQUES NETO, Floriano de Azevedo. *Bens Públicos:* função social e exploração econômica: o regime jurídico das utilidades públicas. 1.. ed.. Belo Horizonte: Fórum, 2014, p. 102-103.

atento para o regime de emprego destes bens, buscando disciplinar a relação não do bem em face de terceiros, mas *em relação à coletividade como um todo.* (MARQUES NETO, 2014, p. 103, grifos nossos)

Marques Neto (2014), ao detalhar o critério funcionalista ou objetivo, afirma que pouco importa saber quem é o titular do domínio do bem, o que de fato importa é verificar a finalidade a que ele se presta. Assim, o que conferiria o caráter de público não seria a pessoa titular do domínio, mas a função que cumpre o bem. E complementa:

> Nesta perspectiva, *o que daria o atributo de público aos bens seria sua utilidade, seu emprego, e não a circunstância de ser o bem de propriedade de pessoa jurídica de direito público.* Por aí admitir-se-ia a existência de bem público ainda que integrante do patrimônio privado, como é o caso dos bens particulares utilizados na prestação de serviços públicos, sejam estes de particulares delegatários da prestação de tais serviços, sejam meros cedentes (locadores, arrendantes ou comodantes) de prédios onde funcionem instalações ou repartições da Administração Pública. (MARQUES NETO, 2014, p. 117, grifos nossos)[106]

Assim, segundo o mencionado autor, pela linha funcionalista, as normas de direito público derrogatórias da disciplina civil de aquisição, gestão e disposição dos bens advirão não da condição subjetiva (pessoa titular do domínio), mas fundamentalmente da circunstância objetiva (utilidade que o bem tem para as necessidades coletivas).

Quanto à afetação, propriamente dita, Silva (2014)[107] destaca que o termo "afetação", como derivado do latim *affectatione*, significa oposição de encargo ou ônus a um prédio ou bem, e que se destina à segurança de alguma obrigação ou dívida, à utilidade pública ou ao serviço público, traz o seguinte detalhamento:

> A afetação é imposta a um bem qualquer, desse modo, *vem indicar ou determinar o fim a que ele se destina ou para o qual será utilizado.*
> A *afetação* tanto pode cair em bem móvel como imóvel.
> [...] Será, no entanto, *administrativa*, quando decorre de ato ou deliberação do poder público, consignando um bem dominial do Estado para uso coletivo ou bem público, *ou para a utilização de um serviço público.* (SILVA, 2014, p. 73, grifos nossos)

---

[106] MARQUES NETO, Floriano de Azevedo. *Bens Públicos:* função social e exploração econômica: o regime jurídico das utilidades públicas. 1.. ed.. Belo Horizonte: Fórum, 2014, p. 117.

[107] SILVA, José Afonso da. *Curso de Direito Constitucional Positivo.* São Paulo: Malheiros, 2006, p. 73.

Bandeira de Mello (2009)[108] define afetação como a preposição de um bem a um dado destino categorial, de uso comum ou especial, assim como desafetação é sua retirada do referido destino. Assim, partindo do pressuposto da aplicação efetiva de um bem, é possível identificar se um bem é ou não afetado ao serviço público de energia elétrica. Entende-se que bens imóveis nos quais existam Linhas de Transmissão, Redes de Distribuição e Subestações de energia elétrica são bens afetados ao serviço público de energia elétrica. A afetação é comprovada mediante a verificação da circunstância objetiva. Marques Neto (2014), acerca dos bens da União afetados à prestação de serviço público, leciona que:

> São bens da União todos aqueles direta ou indiretamente afetados à prestação dos serviços públicos de sua competência, tais como os serviços de telecomunicações, transporte ferroviário (linhas, estações e material rodante), *energia elétrica*, portos, aeroportos, serviço postal, entre outros, *embora muitas vezes estes bens possam ser de propriedade de pessoas jurídicas de direito público ou de direito privado, integrantes ou não da Administração Pública* (caso dos bens reversíveis que ao fim e ao cabo do prazo de delegação integram o patrimônio do ente delegante, conforme adiante se verá). (MARQUES NETO, 2014, p. 148, grifos nossos)[109]

Por óbvio, entendeu-se que o autor, ao se referir à propriedade dos bens afetados por pessoa jurídica de direito privado, está se referindo à concepção subjetiva, do direito civil.

Marques Neto (2015),[110] analisando os bens da concessionária de serviços públicos, o que inclui a concessão comum, destaca que em seu acervo existem bens de três classes, a saber:

> (i) Bens que são do domínio público e que são transferidos para a posse da concessionária, *sem com isso se tornem bens patrimoniais do privado* (por exemplo, a estação de metrô, na concessão metroviária, ou a rede de dutos, em uma concessão comum de saneamento); (ii) *bens que são adquiridos pela concessionária no curso da concessão ou para implementar o objeto concedido*, mas que, por *serem imprescindíveis ao serviço público*,

---

[108] BANDEIRA DE MELLO, Celso Antônio. *Curso de Direito Administrativo*. São Paulo: Malheiros, 2009. p. 905.

[109] MARQUES NETO, Floriano de Azevedo. *Bens Públicos*: função social e exploração econômica: o regime jurídico das utilidades públicas. Belo Horizonte: Fórum, 2014. p. 148.

[110] MARQUES NETO, Floriano de Azevedo. *Concessões*. Belo Horizonte: Fórum, 2015. p. 196-197.

recebem um tratamento de bem público, pela qualidade de serem afetados à prestação de serviço, e ao final da concessão revertem para o patrimônio do poder concedente; (iii) *bens privados da concessionária que integram o patrimônio desta* e que, por não serem imprescindíveis ao serviço concedido (ainda que adquiridos com receitas advindas da concessão, v.g. tarifas), *não são reversíveis e, portanto, são sujeitos ao regime exclusivamente privado*, sem qualquer restrição decorrente do regime de bens públicos. (MARQUES NETO, 2015, p. 196, grifos nossos)

Sobre os bens integrantes da concessão, o autor defende ainda que:

[...] se pode afirmar que os bens integrantes da concessão (*não a integralidade dos bens de domínio da concessionária*) são bens públicos, no sentido funcional (porquanto dedicados à prestação de um serviço público) e, sob o prisma dominial, são, em parte, bens públicos (aqueles que ao tempo da concessão eram já de titularidade do poder concedente e seguem sendo), e em parte privados (*aqueles que integram o patrimônio da concessionária mas, por serem essenciais ao serviço público, são desde logo reversíveis*). [...] em uma concessão dos serviços públicos de transmissão de energia, na qual, sem deslocamento de domínio (do público para o privado), o concessionário passa a ter o direito privativo de uso dos terrenos eventualmente públicos sobre os quais estão instaladas as torres de transmissão ou as estações de transformação e rebaixamento de tensão. (MARQUES NETO, 2015, p. 196-197, grifos nossos)

Para melhor se entenderem as implicações deste raciocínio, é importante exemplificar com um caso prático de concessão de distribuição de energia elétrica.

Uma concessionária, ao assinar um contrato de concessão, recebe uma lista de ativos afetados à concessão (subestações, linhas de transmissão, bem como os imóveis onde estes se encontram instalados) considerados reversíveis, especificado no contrato de concessão.

Ocorre que o serviço prestado é dinâmico, a população atendida cresce geograficamente e gera, sempre, a necessidade de atendimento a novas cargas. Assim, para bem operacionalizar a concessão e obedecer aos princípios de serviço público, anteriormente mencionados (continuidade, qualidade, universalidade, entre outros), ela precisará adquirir novos ativos para, por exemplo, expandir linhas de transmissão, instalar novas subestações, expandir ou aumentar a capacidade daquelas recebidas no início da concessão.

Desse modo, independentemente da forma de aquisição/registro cartorial (desapropriação, servidão ou compra e venda),[111] estes novos ativos, juntamente com os ativos inicialmente recebidos, *são igualmente afetados*. Portanto, são considerados reversíveis *e são propriedade da concessão e não da concessionária*, que apenas os explora para a realização do objeto da concessão.

Os bens da concessionária são os bens não afetados, logo, não reversíveis, tais como veículos, prédios de sua sede administrativa, agência de atendimento, almoxarifado, entre outros, que continuarão com a concessionária mesmo ao final da concessão.

2.3 Extinção do contrato de concessão – Capítulo X da Lei nº 8.987/95

Preliminarmente, por pertinência temática, cumpre destacar a observação de Carvalho Filho (2014),[112] no tocante à intervenção nas concessões de serviço público de energia elétrica, que no art. 5º da Lei nº 12.767, de 27.12.2012,[113] criou-se procedimento próprio para a intervenção nas concessões de serviço público de energia elétrica, a qual não mais se submete integralmente à Lei nº 8.987/1995.[114] O legislador conferiu foros de especificidade ao serviço público de energia elétrica, em virtude de sua inegável relevância para as populações, destacou o autor.

Sobre a extinção do contrato de concessão, Carvalho Filho (2014)[115] destaca que pode ocorrer por diversas causas, pondo fim, em consequência, aos seus efeitos no que toca à prestação do serviço pelo concessionário. Para o autor, sendo variadas as causas, igualmente diversas são as formas de extinção, algumas delas dotadas de nomenclatura própria, conforme consta da lei disciplinadora.

---

[111] Detalhadamente expostos no Capítulo 4 deste trabalho.

[112] CARVALHO FILHO, José dos Santos. *Manual de direito administrativo*. 27. ed. rev., ampl. e atual. até 31-12-2013. São Paulo: Atlas, 2014. p. 410.

[113] BRASIL. Lei nº 12.767, de 27 de dezembro de 2012. Dispõe sobre a extinção das concessões de serviço público de energia elétrica e a prestação temporária do serviço e sobre a intervenção para adequação do serviço público de energia elétrica; altera as Leis nºs 8.987, de 13 de fevereiro de 1995, 11.508, de 20 de julho de 2007, 11.484, de 31 de maio de 2007, 9.028, de 12 de abril de 1995, 9.492, de 10 de setembro de 1997, 10.931, de 2 de agosto de 2004, 12.024, de 27 de agosto de 2009, e 10.833, de 29 de dezembro de 2003; e dá outras providências.

[114] *Ibidem*, p. 41.

[115] *Ibidem*, p. 57.

O legislador estabeleceu, no Capitulo X da Lei nº 8.987/95,[116] as condições para extinção da concessão, *in verbis:*[117]

Capítulo X
DA EXTINÇÃO DA CONCESSÃO

Art. 35. Extingue-se a concessão por:

I - advento do termo contratual;

II - encampação;

III - caducidade;

IV - rescisão;

V - anulação; e

VI - falência ou extinção da empresa concessionária e falecimento ou incapacidade do titular, no caso de empresa individual.

§1º *Extinta a concessão, retornam ao poder concedente todos os bens reversíveis, direitos e privilégios transferidos ao concessionário* conforme previsto no edital e estabelecido no contrato.

§2º *Extinta a concessão, haverá a imediata assunção do serviço pelo poder concedente,* procedendo-se aos levantamentos, avaliações e liquidações necessários.

§3º *A assunção do serviço autoriza a ocupação das instalações e a utilização, pelo poder concedente, de todos os bens reversíveis.*

§4º Nos casos previstos nos incisos I e II deste artigo, o poder concedente, antecipando-se à extinção da concessão, procederá aos levantamentos e avaliações necessários à determinação dos montantes da indenização que será devida à concessionária, na forma dos arts. 36 e 37 desta Lei.

Art. 36. *A reversão no advento do termo contratual* far-se-á com a *indenização das parcelas dos investimentos vinculados a bens reversíveis, ainda não amortizados ou depreciados,* que tenham sido *realizados com o objetivo de garantir a continuidade e atualidade* do serviço concedido.

Art. 37. Considera-se encampação a retomada do serviço pelo poder concedente durante o prazo da concessão, por motivo de interesse público, mediante lei autorizativa específica e após prévio pagamento da indenização, na forma do artigo anterior.

Art. 38. A inexecução total ou parcial do contrato acarretará, a critério do poder concedente, a declaração de caducidade da concessão ou a aplicação das sanções contratuais, respeitadas as disposições deste artigo, do art. 27, e as normas convencionadas entre as partes.

---

[116] *Ibidem,* p. 41.
[117] *Ibidem,* p. 20.

§1º *A caducidade da concessão poderá ser declarada pelo poder concedente quando:*

I - o serviço estiver sendo prestado de forma inadequada ou deficiente, tendo por base as normas, critérios, indicadores e parâmetros definidores da qualidade do serviço;

II - a concessionária descumprir cláusulas contratuais ou disposições legais ou regulamentares concernentes à concessão;

III - a concessionária paralisar o serviço ou concorrer para tanto, ressalvadas as hipóteses decorrentes de caso fortuito ou força maior;

IV - a concessionária perder as condições econômicas, técnicas ou operacionais para manter a adequada prestação do serviço concedido;

V - a concessionária não cumprir as penalidades impostas por infrações, nos devidos prazos;

VI - a concessionária não atender a intimação do poder concedente no sentido de regularizar a prestação do serviço; e

VII - a concessionária não atender a intimação do poder concedente para, em 180 (cento e oitenta) dias, apresentar a documentação relativa a regularidade fiscal, no curso da concessão, na forma do art. 29 da Lei nº 8.666, de 21 de junho de 1993. (Redação dada pela Lei nº 12.767, de 2012)

§2º A declaração da caducidade da concessão deverá ser precedida da verificação da inadimplência da concessionária em processo administrativo, assegurado o direito de ampla defesa.

§3º Não será instaurado processo administrativo de inadimplência antes de comunicados à concessionária, detalhadamente, os descumprimentos contratuais referidos no §1º deste artigo, dando-lhe um prazo para corrigir as falhas e transgressões apontadas e para o enquadramento, nos termos contratuais.

§4º Instaurado o processo administrativo e comprovada a inadimplência, a caducidade será declarada por decreto do poder concedente, independentemente de indenização prévia, calculada no decurso do processo.

§5º A indenização de que trata o parágrafo anterior, será devida na forma do art. 36 desta Lei e do contrato, descontado o valor das multas contratuais e dos danos causados pela concessionária.

§6º Declarada a caducidade, não resultará para o poder concedente qualquer espécie de responsabilidade em relação aos encargos, ônus, obrigações ou compromissos com terceiros ou com empregados da concessionária.

Art. 39. *O contrato de concessão poderá ser rescindido por iniciativa da concessionária, no caso de descumprimento das normas contratuais pelo poder concedente, mediante ação judicial especialmente intentada para esse fim.*

Parágrafo único. Na hipótese prevista no *caput* deste artigo, *os serviços prestados pela concessionária não poderão ser interrompidos ou paralisados, até a decisão judicial transitada em julgado.* (Lei 8987/95, Capítulo X, grifos nossos)[118]

2.3.1 Advento do termo contratual

Carvalho Filho (2014)[119] observa que essa é a forma natural de extinção da concessão, oriunda do momento final previsto para o fim do contrato, a extinção opera-se *pleno iure,*[120] sem necessidade de qualquer ato anterior de aviso ou notificação.

2.3.2. Ato unilateral do poder concedente

Marinela (2013)[121] destaca que são situações em que o Poder Público pode extinguir unilateralmente o contrato, por se tratar de uma prerrogativa decorrente da supremacia do interesse público. As duas modalidades são encampação e caducidade.

2.3.2.1 Encampação

Marinela (2013) destaca que encampação ou resgate consiste no fato de o poder concedente terminar o contrato de forma unilateral, antes do prazo, por razões de conveniência e oportunidade do interesse público. Ressalta, ainda, que é uma hipótese em que o concessionário faz jus à previa indenização por atingir o equilíbrio econômico-financeiro, e depende de autorização legislativa específica, por força da previsão do art. 37 da Lei nº 8.987/95.[122] Em outro dizer, esse fundamento não dispensa a Administração de indenizar possíveis prejuízos causados ao concessionário.

---

[118] *Ibidem,* p. 41.

[119] *Ibidem,* p. 57.

[120] É uma expressão em latim usada no contexto jurídico que significa "pleno direito".

[121] MARINELA, Fernanda. *Direito Administrativo.* 7. ed. Niterói: Impetus, 2013. p. 527.

[122] BRASIL. Lei nº 8.987, de 13 de fevereiro de 1995. Dispõe sobre o regime de concessão e permissão da prestação de serviços públicos previsto no art. 175 da Constituição Federal, e dá outras providências.

2.3.2.2 Caducidade

Marinela (2013)[123] observa que o motivo alegado para a caducidade é descumprimento de cláusula contratual, por parte da concessionária, caracterizando-se numa violação grave de suas obrigações, nos termos mencionado art. 38 da Lei nº 8.978/95, *in verbis:*[124]

> Caducidade: consiste em uma forma de extinção do contrato antes do prazo, pelo Poder Público, de forma unilateral. Essa hipótese *exige prévia comunicação à concessionária, dando-lhe prazo para que possa sanar as irregularidades. Caso não sejam resolvidas, instaura-se, por meio de decreto, um processo administrativo*, com contraditório e ampla defesa, objetivando a extinção da concessão, o cálculo da indenização, a aplicação de penalidades cabíveis, além de outras medidas que entender pertinentes. (MARINELA, 2013, p. 567, grifos nossos)

A autora destaca, ainda, que, como positivado no art. 38, §6º, da referida lei, uma vez declarada a caducidade, não resultará, para o poder concedente, qualquer espécie de responsabilidade em relação aos encargos, ônus, obrigações ou compromissos com terceiros ou com empregados da concessionária.

Carvalho Filho (2014)[125] destaca que a mencionada Lei nº 12.767/2012[126] criou algumas normas específicas para a extinção da concessão do serviço público de energia elétrica, nos casos de caducidade e falência ou extinção da concessionária, previstos no art. 35, III e VI, do Estatuto das Concessões, e observa que:

> Com a extinção, *o concedente assume temporariamente o serviço por meio de órgão ou entidade federal, até que seja contratado outro concessionário após licitação por leilão ou concorrência* (art. 2º). O prestador transitório poderá recrutar pessoal pelo regime da contratação temporária previsto na Lei nº 8.745/1993, bem como receber recursos financeiros durante a gestão

---

[123] MARINELA, Fernanda. *Direito Administrativo*. 7. ed. Niterói: Impetus, 2013. p. 567.

[124] É uma expressão em latim usada no contexto jurídico que significa "nestes termos" ou "nestas palavras".

[125] CARVALHO FILHO, José dos Santos. *Manual de direito administrativo*. 27. ed. rev., ampl. e atual. até 31/12/2013. São Paulo: Atlas, 2014. p. 413.

[126] BRASIL. Lei nº 12.767, de 27 de dezembro de 2012. Dispõe sobre a extinção das concessões de serviço público de energia elétrica e a prestação temporária do serviço e sobre a intervenção para adequação do serviço público de energia elétrica; altera as Leis nºs 8.987, de 13 de fevereiro de 1995, 11.508, de 20 de julho de 2007, 11.484, de 31 de maio de 2007, 9.028, de 12 de abril de 1995, 9.492, de 10 de setembro de 1997, 10.931, de 2 de agosto de 2004, 12.024, de 27 de agosto de 2009, e 10.833, de 29 de dezembro de 2003; e dá outras providências.

do serviço. Viabiliza-se, ainda, *o pagamento de remuneração ao referido gestor temporário no período de prestação do serviço*. Caberá também a esse gestor assumir os direitos e obrigações advindos dos contratos firmados com o Operador Nacional do Sistema-ONS e com a Câmara de Comercialização de Energia Elétrica (CCEE), bem como de outros ajustes celebrados pelo antigo titular da concessão (art 4º). (CARVALHO FILHO, 2014, p. 413, grifos nossos)

Tal especificidade do legislador para regulamentar a extinção da concessão do serviço público de energia elétrica, como destacado pelo autor anteriormente, se dá em virtude de sua inegável relevância para a sociedade.

2.3.3 Anulação

Anulação é a extinção do contrato de concessão antes do término do prazo, por razões de ilegalidade. É decretada quando o pacto foi firmado com vício de legalidade. Sobre a anulação do contrato de concessão, Carvalho Filho (2014)[127] afirma que:

Sua decretação, como é próprio do fenômeno anulatório, pode provir de decisão administrativa ou judicial, e os efeitos que produz são *ex tunc*, ou seja, a partir da ocorrência do vício. Está prevista no art. 35, V, da Lei de Concessões. *O que não se pode conceber é o prosseguimento da atividade, se esta decorre de um ajuste com vício de legalidade.* (CARVALHO FILHO, 2014, p. 411, grifos nossos)

O autor destaca, ainda, que, presente o vício, há presumida lesão ao patrimônio público, de sorte que é permitido o ajuizamento de ação popular para postular-se a anulação do ajuste.

2.3.4 Falência ou extinção da empresa

Carvalho Filho (2014) destaca que as hipóteses previstas no art. 35, VI, da Lei das Concessões, provocam, de fato, a extinção *pleno iure*[128] do contrato de concessão pela singela razão de que fica inviável a execução do serviço público objeto do ajuste. Para ele, uma vez que

---

[127] CARVALHO FILHO, José dos Santos. *Manual de direito administrativo*. 27. ed. rev., ampl. e atual. até 31-12-2013. São Paulo: Atlas, 2014. p. 411-415.

[128] É uma expressão em latim usada no contexto jurídico que significa "pleno direito".

ocorre a extinção, o serviço delegado retorna ao poder concedente para, se for o caso, ser providenciada nova concessão. Destacou, ainda, que:

> No que se refere à falência, vale observar que a Lei nº 11.101, de 9.2.2005 (a nova Lei de Falências), também prevê a extinção do contrato de concessão no caso de a empresa concessionária de serviços públicos ter decretada a sua falência (art. 195). *A impossibilidade de prosseguimento do contrato, aliás, é lógica, porquanto a decretação da falência implica "o afastamento do devedor de suas atividades", como consigna o art. 75 do vigente diploma falimentar.* Como já registramos no tópico relativo à caducidade, a hipótese de extinção da concessão por falência ou extinção da concessionária, *no caso de concessões de energia elétrica, regula-se também pela Lei nº 12.767/2012, que alterou a Lei nº 8.987/1995 na matéria.* Esse diploma, conforme antecipamos, *excluiu, para tais sociedades concessionárias, os regimes de recuperação judicial e extrajudicial previstos na Lei nº 11.101/2005, salvo posteriormente à extinção da concessão* (art. 18). (CARVALHO FILHO, 2014, p. 415, grifos nossos)

Como destacado pelo autor, no caso de concessões de energia elétrica, regula-se também pela Lei nº 12.767/2012,[129] que, ao estatuir novas regras, a lei elevou o *status* de importância do serviço público de energia elétrica, tendo em vista a sua repercussão econômica e social.

2.3.5 Rescisão judicial

Marinela (2013)[130] destaca que a rescisão judicial é utilizada quando o concessionário não tem mais interesse no contrato, e como este não tem a possibilidade de rescindir unilateralmente a avença, só lhe resta a via judicial. Dessa forma, ressalta a autora, fica impedido de interromper ou paralisar os serviços até o trânsito em julgado da decisão.

2.3.6 Rescisão Consensual

Marinela (2013) ensina que se trata de extinção do contrato decorrente de acordo entre as partes, é dizer, um distrato.

---

[129] *Ibidem*, p. 61.
[130] *Ibidem*, p. 61.

Marques (2009),[131] ao versar sobre a possibilidade de extinção da concessão por acordo entre as partes (resolução amigável do contrato de concessão), destaca que, de início, a questão não era simples, e nem se encontrava na jurisprudência dos Tribunais pátrios ou da Corte de Contas um posicionamento pacífico para ser acompanhado. Ele destacou, ainda, que a doutrina jurídica, por sua vez, também não tinha entendimento uníssono quanto ao tema.

O autor observa que se pode discutir a aplicação do art. 79, inciso II[132] c/c art. 124[133] da Lei nº 8.666/93,[134] que prevê expressamente a possibilidade de rescisão amigável do contrato administrativo, por acordo entre as partes. Contudo, o autor destaca que a aplicação da Lei nº 8.666/93 às concessões de serviço público é subsidiária, ou seja, só resta aplicável a referida lei às concessões quando não for conflitante com a legislação específica, no caso a Lei nº 8.987/95,[135] e ressalta:

> Contudo, para os adeptos da interpretação restritiva do rol do art. 35 da Lei nº 8.987/95, a Lei nº 8.987/95 possui dispositivo específico sobre a extinção dos contratos de concessão. Assim, não haveria, em princípio, que se buscar na Lei Geral dos Contratos Administrativos (Lei nº 8.666/93) norma subsidiária. (MARQUES, 2009, p. 15)[136]

Para Marques (2009), há, ainda, outro entrave a dificultar a dissolução amigável do contrato de concessão, qual seja a indisponibilidade do patrimônio público.

Carvalho Filho (2014) ensina que pode o contrato de concessão extinguir-se pela rescisão prevista no art. 35, IV, o que se caracteriza pela

---

[131] MARQUES, Márcio Pina. Extinção da concessão. *Fórum de Contratação e Gestão Pública – FCGP*, Belo Horizonte, ano 8, n. 85, jan. 2009. Disponível em: <http://bid.editoraforum.com.br/bid/PDI0006.aspx?pdiCntd=56626>. Acesso em: 29 mar. 2015, p. 15.

[132] Art. 79. A rescisão do contrato poderá ser: [...] II - amigável, por acordo entre as partes, reduzida a termo no processo da licitação, desde que haja conveniência para a Administração.

[133] Art. 124. Aplicam-se às licitações e aos contratos para permissão ou concessão de serviços públicos os dispositivos desta Lei que não conflitem com a legislação específica sobre o assunto. (Redação dada pela Lei nº 8.883, de 1994).
Parágrafo único. As exigências contidas nos incisos II a IV do §2º do art. 7º serão dispensadas nas licitações para concessão de serviços com execução prévia de obras em que não foram previstos desembolso por parte da Administração Pública concedente. (Incluído pela Lei nº 8.883, de 1994).

[134] Regulamenta o art. 37, inciso XXI, da Constituição Federal, institui normas para licitações e contratos da Administração Pública e dá outras providências.

[135] *Ibidem*, p. 61.

[136] *Ibidem*, p. 63.

ocorrência de fato, superveniente à celebração do contrato, idôneo para desfazer o vínculo firmado entre o poder concedente e o concessionário. O autor destaca que o termo era frequentemente empregado no sentido de descumprimento pelo concessionário de obrigações regulamentares, muito embora admitisse outros sentidos. Sobre a rescisão no Estatuto das Concessões, o autor observa que:

> O Estatuto das Concessões, porém, ao se referir à rescisão, considerou-a como de iniciativa do concessionário, reservando nomenclatura própria (caducidade) para a rescisão deflagrada pelo concedente. Resulta daí, portanto, que, nos termos da lei vigente, *a rescisão é a forma de extinção cuja atividade deflagradora é atribuída ao concessionário*. O pressuposto da rescisão é o descumprimento, pelo concedente, das normas legais, regulamentares ou contratuais. Embora a lei se refira apenas às normas contratuais, entendemos que não é só o descumprimento destas que dá causa à rescisão. Haverá ocasiões em que por desrespeito à lei ou aos regulamentos disciplinadores. (CARVALHO FILHO, 2014, p. 411-412, grifos nossos)[137]

Para o autor, o fator descumprimento é o mesmo, de forma que o concessionário poderá tomar a iniciativa de extinguir a concessão por meio da rescisão.

2.4 Consequência da extinção da concessão: reversão dos bens afetados

A reversão é a consequência da extinção da concessão, independentemente da forma como ocorrer.

Silva (2014)[138] destaca que o termo "reversão" é oriundo do latim *reversio*[139] e em sentido amplo exprime o mesmo que regresso, volta, reingresso ou retorno. O autor define o termo, ainda, como a ação de retornar ou de voltar ao estado ou posição anterior.

Di Pietro (2012)[140] lembra que o fundamento da reversão é o princípio da continuidade do serviço público, e que a Lei nº 8.987/95,[141]

---

[137] *Ibidem*, p. 62.

[138] SILVA, José Afonso da. *Curso de Direito Constitucional Positivo*. São Paulo: Malheiros, 2006. p. 1236.

[139] É uma expressão em latim usada no contexto jurídico que significa "volta" ou "regresso".

[140] DI PIETRO. *Parcerias na Administração Pública*: Concessão, Permissão, Franquia, Terceirização, Parcerias Público-Privadas e Código Tributário à luz da doutrina e da jurisprudência. 14. ed. Porto Alegre: Livraria do Advogado; ESMAFE, 2012. p. 90.

[141] *Ibidem*, p. 44.

art. 18, incisos X e XI, estabelece que deve ser incluída no edital de licitação a indicação dos bens reversíveis, bem como suas características e as condições em que serão postos à disposição, nos casos em que houver sido extinta a concessão anterior.

Ressalta-se que a integralidade dos bens reversíveis não pode ser obtida somente na especificação do contrato de concessão, pelo fato de que outros bens, igualmente reversíveis, são adquiridos em favor da concessão, ao longo do contrato, para a boa prestação da concessão, como exposto no item 3.2.

Trata-se de medida necessária para ampliar a quantidade de subestações e linhas de transmissão e distribuição, *implantadas após o início do contrato de concessão*, e decorrente da aplicação dos princípios de direito regulatório, tais como continuidade, qualidade e universalidade do serviço público de energia elétrica. Assim, obviamente, não estavam relacionados no contrato de concessão, mas são tão reversíveis quanto os bens descritos no contrato de concessão.

Bandeira de Mello (2009)[142] destaca que reversão é a passagem ao poder concedente dos bens do concessionário aplicados ao serviço público, quando da extinção da concessão, nos termos do art. 35, §2º, da Lei nº 8.987/95.[143]

Para Carvalho Filho (2014),[144] reversão é a transferência dos bens do concessionário para o patrimônio do concedente em virtude da extinção do contrato. O autor destaca que o termo em si não traduz a fisionomia do instituto, uma vez que, de fato, reversão é substantivo que deriva de reverter, isto é, retornar, dando a falsa impressão de que os bens da concessão vão retornar à propriedade do concedente. O autor defende que, na verdade, os bens nunca foram da propriedade do concedente e apenas passam a sê-lo quando se encerra a concessão, uma vez que antes integravam o patrimônio do concessionário.

Data venia,[145] diverge-se deste entendimento do ilustre doutrinador quando afirma que os bens nunca foram da propriedade do poder concedente, e filia-se ao posicionamento de Marques Neto, mencionado anteriormente, segundo o qual os bens recebidos no ato do início da concessão e os adquiridos ao longo do contrato para a realização do

---

[142] BANDEIRA DE MELLO, Celso Antônio. *Curso de Direito Administrativo*. São Paulo: Malheiros, 2009. p 30.

[143] *Ibidem*, p. 44.

[144] *Ibidem*, p. 62.

[145] É uma expressão em latim usada no contexto jurídico que significa "dada a licença".

objeto são bens afetados e, por conseguinte, são bens públicos, logo, da propriedade do poder concedente.

Quanto ao conceito de bens reversíveis, destaca-se que, no tocante ao serviço público de geração de energia elétrica, a Resolução Normativa ANEEL nº 596, de 19.12.2013, estabelece que:

> Art. 3º Os bens reversíveis de que trata esta Resolução são aqueles utilizados, exclusiva e permanentemente, para produção de energia elétrica, cujos investimentos prudentes foram realizados com o objetivo de garantir a continuidade e atualidade do serviço concedido.
>
> §1º Constituem bens reversíveis o conjunto de itens de infraestrutura comuns à usina, tais como, reservatórios, barragens tomada d'água, condutos, canais, vertedouros, comportas, casa de comando, além dos equipamentos de geração, como turbinas, geradores, transformadores, serviços auxiliares e relacionados ao sistema de transmissão de interesse restrito.
>
> §2º Não constituem bens reversíveis, exemplificativamente, os bens administrativos, tais como *móveis, utensílios, veículos, terrenos, edificações, urbanização e benfeitorias*. (ANEEL, 2014, grifos nossos)[146]

Destaca-se que a reversão é uma realidade no setor elétrico, sendo prevista no próprio decreto de concessão. Vejamos o exemplo da Usina de Miranda:

> Art. 1º É outorgada à Companhia Energética de Minas Gerais - CEMIG concessão para o aproveitamento da energia hidráulica de um trecho do rio Araguari, no local denominado Miranda, entre os Municípios de Uberlândia e Indianópolis, Estado de Minas Gerais.
>
> Parágrafo único. A energia produzida destina-se ao serviço público de energia elétrica em sua área de atuação e suprimento a outros concessionários, quando autorizado.
>
> Art. 2º A concessionária concluirá as obras no prazo que for fixado na portaria de aprovação do projeto definitivo, executando-as de acordo com o mesmo, com as modificações que forem autorizadas, se necessárias.
>
> Art. 3º A concessão de que trata o presente decreto vigorará pelo prazo de 30 (trinta) anos, a contar da data de sua publicação.

---

[146] ANEEL. Resolução Normativa ANEEL nº 596, de 19 de dezembro de 2013. Estabelece critérios e procedimentos para cálculo da parcela dos investimentos vinculados a bens reversíveis, ainda não amortizados ou não depreciados, de aproveitamentos hidrelétricos de que trata o art. 2º do Decreto nº 7.850, de 30 de novembro de 2012. D.O.U. de 02.01.2014, seção 1, p. 35, v. 151, n. 1, *Diário Oficial da União*, Brasília, 02 jan. 2014. Disponível em: <http://www.aneel.gov.br/cedoc/ren2013596.pdf>. Acesso em: 19 fev. 2015.

Parágrafo único. *Findo o prazo da concessão*, os bens e instalações que, no momento, existirem, em função dos serviços concedidos, *reverterão à União*.

Art. 4º A concessionária poderá requerer que a concessão seja renovada, mediante as condições que vierem a ser estipuladas.

Parágrafo único. A concessionária deverá entrar como pedido, a que se refere este artigo, até 6 (seis) meses antes de findar o prazo de vigência da concessão, sob pena de seu silêncio ser interpretado como desistência da renovação.

Art. 5º Este decreto entra em vigor na data de sua publicação.

Art. 6º Revogam-se as disposições em contrário.

Brasília, 23 de dezembro de 1986; 165º da Independência e 98º da República.

JOSÉ SARNEY Aureliano Chaves. (Decreto nº 93.879, 1986, grifos nossos)[147]

Por analogia, entende-se que os ativos das concessionárias de transmissão e/ou de distribuição de energia elétrica, que estejam afetados ao serviço, tais como redes de distribuição, linhas de transmissão, subestações elevadoras de tensão, subestações abaixadoras de tensão, bem como os imóveis nos quais estão situadas, são bens afetados e, assim, reversíveis ao final da concessão.

Da mesma forma, é lícito concluir que os bens destas mesmas concessionárias, ditos bens administrativos, tais como móveis, utensílios, veículos, urbanização, benfeitorias, terrenos, edificações, e demais bens imóveis onde inexistam bens afetados, não são reversíveis e continuarão com a concessionária ao final da concessão.

Cabe destacar o entendimento de Pereira, Silveira e Colombarolli (2014),[148] segundo o qual, a Administração Pública, no curso do contrato de concessão do serviço público, não está autorizada a impor ao particular listagem de bens que, segundo sua exclusiva visão, são essenciais à prestação do serviço público e defendem como indispensável a instauração de processo administrativo visando apontar os bens reversíveis, ao cabo do qual deve ser proferida decisão motivada passível de amplo controle jurisdicional.

---

[147] BRASIL. Decreto nº 93.879, de 23 de dezembro de 1986.

[148] PEREIRA, Flávio Henrique Unes; SILVEIRA, Marilda de Paula; COLOMBAROLLI, Bruna R. A identificação dos bens reversíveis: do ato ao processo administrativo. *Fórum Administrativo – FA*, Belo Horizonte, ano 14, n. 165, p. 38-44, nov. 2014. Disponível em: <http://bid.editoraforum.com.br/bid/PDI0006.aspx?pdiCntd=219043>. Acesso em: 29 mar. 2015.

Por fim, ressalta-se que *só podem ser revertidos os bens que são do poder concedente, pois, caso os bens sejam de terceiros, a medida adequada para integrá-los ao patrimônio público não seria a reversão, mas a desapropriação,* como se verá no item 4.1. Logo, bens afetados são reversíveis e, por isso, são de propriedade do poder concedente, no caso, a União.

2.5 Diferenciação entre afetação e reversão

Fortini (2009)[149] destaca que alguns dos bens da empresa privada, porque afetados ao serviço público, serão destacados de forma a evidenciar que no fim da relação jurídica eles passarão não só a gozar do *status* de bens públicos, mas serão efetivamente, assim, considerados porque pertencentes ao ente político concedente.

Particularmente, não se comunga deste entendimento que considera que o *status* de bem público será dado ao final da relação jurídica, com a reversão. Tal entendimento só seria possível se considerarmos bem público em caráter formal, pois, se considerarmos bem público em caráter material, à luz do ensinamento de Marques Neto (2014),[150] especificamente o critério funcionalista ou objetivo,[151] o que conferiria o caráter de público não é a pessoa titular do domínio, mas a função que cumpre o bem. Logo, com a afetação do bem ao serviço público, ele é considerado com bem público e deveria ser tratado como tal.

Esclarecido este aspecto, é importante detalhar a diferença existente entre afetação e reversão. A confusão entre os conceitos é de certo aspecto comum, pois estão relacionados. Afinal, apenas os bens afetados, no momento presente, podem sofrer a reversão, ao final do contrato de concessão. Como a imprecisão dos conceitos pode comprometer o raciocínio acerca da matéria, dedicar-se-á uma parte deste estudo para explicitar a diferença entre eles.

Bandeira de Mello (2009)[152] destaca que não são todos os bens do concessionário que serão repassados para o poder concedente, mas apenas os afetados, senão vejamos:

---

[149] FORTINI, Cristiana. *Contratos Administrativos:* Franquia, Concessão, Permissão e PPP. 2. ed. São Paulo: Atlas, 2009. p. 86.

[150] MARQUES NETO, Floriano de Azevedo. *Bens Públicos:* função social e exploração econômica: o regime jurídico das utilidades públicas. Belo Horizonte: Fórum, 2014.

[151] Segundo o qual pouco importa saber quem é o titular do domínio do bem, o que de fato importa é verificar a finalidade a que ele se presta, de sorte que o que conferiria o caráter de público não é a pessoa titular do domínio, mas a função que cumpre o bem, com a afetação do bem ao serviço público.

[152] BANDEIRA DE MELLO, Celso Antônio. *Curso de Direito Administrativo.* São Paulo: Malheiros, 2009. p. 746-747.

Portanto, através da chamada reversão, os bens do concessionário, necessários ao exercício do serviço público, *integram-se no patrimônio do concedente ao se findar a concessão*. Está visto que a reversão também não é, de modo algum – ao contrário do que às vezes se vê afirmado –, uma forma de extinção da concessão. *É isto sim, uma consequência dela*; portanto, a pressupõe. Sem a extinção da concessão não há reversão. Esta procede dela, mas, evidentemente, não se confundem as duas coisas. (BANDEIRA DE MELLO, 2009, p. 746-747, grifos nossos)

A afetação é um evento presente, identificável mediante comprovação técnica, e sua constatação, qual seja, que o bem está afetado ao serviço público, à luz do critério funcionalista ou objetivo, tem o condão de torná-lo bem público, independentemente de sua situação formal. Assim, destaca-se, *a afetação não ocorrerá no futuro, com a reversão*, haja vista que ela já *acontece no momento presente, mediante comprovação fática*.

Já a reversão pode ser classificada como um evento futuro certo. Trata-se de consequência natural da extinção do contrato de concessão, além de mecanismo necessário para a continuidade da prestação de serviço público. A relação da reversão com a afetação é que apenas os bens afetados ao serviço público serão revertidos. Mas afetação e reversão, reafirmamos, são institutos distintos, e a confusão entre ambos pode levar a incorrer em equívoco no raciocínio jurídico.

2.6 Concessão de serviços públicos de energia elétrica

A escolha do Estado brasileiro para a prestação de serviço público de distribuição de energia elétrica foi a modalidade concessão, cujos princípios gerais são regulados pela mencionada Lei nº 8.987/95,[153] que, no Capítulo VII, estabelece os encargos do poder concedente, senão vejamos:

Capítulo VII
DOS ENCARGOS DO PODER CONCEDENTE
Art. 29. Incumbe ao poder concedente:
I - regulamentar o serviço concedido e fiscalizar permanentemente a sua prestação;
II - aplicar as penalidades regulamentares e contratuais;

---

[153] *Ibidem*, p. 44.

III - intervir na prestação do serviço, nos casos e condições previstos em lei;

IV - extinguir a concessão, nos casos previstos nesta Lei e na forma prevista no contrato;

V - homologar reajustes e proceder à revisão das tarifas na forma desta Lei, das normas pertinentes e do contrato;

VI - cumprir e fazer cumprir as disposições regulamentares do serviço e as cláusulas contratuais da concessão;

VII - zelar pela boa qualidade do serviço, receber, apurar e solucionar queixas e reclamações dos usuários, que serão cientificados, em até trinta dias, das providências tomadas;

VIII - *declarar de utilidade pública os bens necessários à execução do serviço ou obra pública*, promovendo as desapropriações, diretamente ou mediante outorga de poderes à concessionária, caso em que será desta a responsabilidade pelas indenizações cabíveis;

IX - *declarar de necessidade ou utilidade pública, para fins de instituição de servidão administrativa, os bens necessários à execução de serviço ou obra pública*, promovendo-a diretamente ou mediante outorga de poderes à concessionária, caso em que será desta a responsabilidade pelas indenizações cabíveis;

X - estimular o aumento da qualidade, produtividade, preservação do meio-ambiente e conservação;

XI - incentivar a competitividade; e

XII - estimular a formação de associações de usuários para defesa de interesses relativos ao serviço. (Lei 8987/95, Capítulo VII, grifos nossos)

Destaca-se que promover as desapropriações e instituições de servidão administrativa, dos bens necessários à execução do serviço ou obra pública, *é encargo do poder concedente, que pode ser realizado diretamente ou mediante outorga de poderes à concessionária.* Tal orientação pode ser constatada pela leitura da referida lei, Capítulo VIII, ao estabelecer os encargos da concessionária, *in verbis:*[154]

Capítulo VIII
DOS ENCARGOS DA CONCESSIONÁRIA
Art. 31. Incumbe à concessionária:

I - *prestar serviço adequado*, na forma prevista nesta Lei, nas normas técnicas aplicáveis e no contrato;

---

[154] É uma expressão em latim usada no contexto jurídico que significa "nestes termos" ou "nestas palavras".

II - manter em dia o inventário e *o registro dos bens vinculados à concessão*;

III - prestar contas da gestão do serviço ao poder concedente e aos usuários, nos termos definidos no contrato;

IV - cumprir e fazer *cumprir as normas do serviço e as cláusulas contratuais da concessão*;

V - permitir aos encarregados da fiscalização livre acesso, em qualquer época, às obras, aos equipamentos *e às instalações integrantes do serviço*, bem como a seus registros contábeis;

VI - promover as desapropriações e constituir servidões autorizadas pelo poder concedente, conforme previsto no edital e no contrato;

VII - zelar pela integridade dos bens vinculados à prestação do serviço, bem como segurá-los adequadamente; e

VIII - captar, aplicar e gerir os recursos financeiros necessários à prestação do serviço.

Parágrafo único. As contratações, inclusive de mão-de-obra, feitas pela concessionária serão regidas pelas disposições de direito privado e pela legislação trabalhista, não se estabelecendo qualquer relação entre os terceiros contratados pela concessionária e o poder concedente. (Lei 8987/95, Capítulo VIII, grifos nossos)[155]

A concessão do serviço público de energia elétrica no Brasil tanto é operacionalizada por sociedades de economia mista, quanto por empresas privadas. Assim, cabe concluir que as mencionadas *desapropriações e instituições de servidão administrativa* dos bens necessários à execução do serviço ou obra pública, *autorizadas pelo poder concedente*, podem ser realizadas, *tanto por sociedade de economia mista, quanto por empresas privadas, enquanto concessionárias do serviço público de energia elétrica*.

Por fim, destaca-se que, segundo a ANEEL,[156] "o mercado de distribuição de energia elétrica é atendido por 64 concessionárias, estatais ou privadas, de serviços públicos que abrangem todo o País. As concessionárias estatais estão sob controle dos governos federal, estaduais e municipais. Em várias concessionárias privadas verifica-se a presença, em seus grupos de controle, de diversas empresas nacionais, norte-americanas, espanholas e portuguesas".

---

[155] *Ibidem*, p. 44.

[156] ANEEL. *Mercado de Distribuição*. Brasília: 2007. Disponível em: <http://www.aneel.gov.br/area.cfm?idArea=48>. Acesso em: 21 fev. 2015.

2.6.1 Concessionárias de distribuição de energia elétrica – Sociedades de economia mista

Villela Souto (2005)[157] destaca que as sociedades de economia mista são pessoas jurídicas de direito privado, criadas com autorização da lei para a exploração de atividades econômicas, sejam elas de intervenção na livre iniciativa, sejam de prestação de serviços públicos. Como exemplo de sociedades de economia mista detentoras de concessão no setor elétrico podemos citar a Companhia Energética de Minas Gerais (CEMIG), Companhia Paranaense de Energia (COPEL) e Centrais Elétricas de Santa Catarina (CELESC).

2.6.2 Concessionárias de distribuição de energia elétrica – Empresas privadas

Com as privatizações ocorridas a partir da década de 1990, aumentou a participação de empresas privadas no setor elétrico.

Segundo a Associação Brasileira de Distribuidores de Energia Elétrica (ABRADEE), o período das privatizações foi um marco na história do setor elétrico brasileiro, sendo protagonista da melhoria da qualidade do atendimento e fornecimento de energia elétrica do país, sendo, pois, um dos setores brasileiros que mais soube aproveitar a entrada do capital privado para melhorar suas operações, mesmo para as empresas que continuaram públicas, mas aproveitaram a oportunidade para se consolidarem no mercado. Diante disso, a ABRADEE preparou uma lista sobre as privatizações do setor elétrico conforme detalhado na Tabela 3.

---

[157] VILLELA SOUTO, Marcos Juruena. *Direito Administrativo Regulatório*. 2. ed. Rio de Janeiro, 2005. p. 267.

Tabela 3

Lista sobre as privatizações do setor elétrico

Nome	Data de privatização	Área de serviço/ localização	Comprador	Preço R$ Milhões	Vendida	Ágio (%)
Escel S.A.	12.07.1995	ES	IVEN S.A, GTD Particip.	385,0	50,00	11,78
Light	21.05.1996	RJ	AES; Houston; EdF; CSN.	2.230,0	51,00	0,00
Cerj (Ampla)	20.11.1996	RJ	Endesa (SP); Enersis; Ed Port.	605,3	70,26	30,27
Coelba	31.07.1997	BA	Iberdrola; BrasilCap; Previ; BBDTVM	1.730,9	65,64	77,38
Aes sul	21.10.1997	RS	AES	1.510,0	90,91	93,56
Rge	21.10.1997	RS	CEA; VBC; Previ	1.635,0	90,75	82,70
Cpfl	05.11.1997	SP	VBC; Previ; Fundação CESP	3015,0	57,60	70,10
Enersul	19.11.1997	MS	Escelsa	625,6	76,56	83,79
Cemat	27.11.1997	MT	Grupo Rede; Inepar	391,5	85,10	21,09
Energipe	03.12.1997	SE	Cataguazes; Uptick	577,1	85,73	96,05
Cosern	11.12.1997	RN	Coelba; Guaraniana; Uptick	676,4	77,92	73,60
Coelce	02.12.1998	CE	Consórcio Distriluz (Enersis Chilectra, Endesa, Cerj)	867,7	82,69	27,20
Eletropaulo	15.04.1998	SP	Consórcio Lightgás	2.026,0	74,88	0,00
Celpa	09.07.1998	PA	QMRA Participações S. A. (Grupo Rede e Inepar)	450,3	54,98	0,00
Elektro	16.07.1998	SP/MS	Grupo Enron Internacional	1.479,0	46,60	98,94
Cachoeira dourada	05.09.1997	GO	Endesa/Edegel/Fundos de Investimentos	779,8	92,90	43,49
Gerasul	15.09.1998	RS	Tractebel (Belga)	945,7	50,01	0,00
Bandeirante	17.09.1998	SP	EDP (Portugal) - CPFL	1.014,0	74,88	0,00
Cesp tiête	27.10.1999	SP	AES Gerasul Emp	938,07	-	29,97
Borborema	30.11.1999	PB	Cataguazes-Leopoldina	87,38	-	-
Celpe	20.11.2000	PE	Iberdrola/Previ/BB	1.780,0	79,62	-
Cemar	15.06.2000	MA	PP&L	552,8	86,25	-
Saelpa	31.112000	PB	Cataguazes-Leopoldina	363,0		
Cteep	28/06/2006	SP	ISA (Interconexión Eléctrica S/A Esp)	1.193,0		57,89
Total				25.858,55		

Fonte: ABRADEE, 2015.[158]

---

[158] ABRADEE. *Privatizações no setor elétrico*. Disponível em: <http://www.abradee.com.br/setor-eletrico/privatizacoes>. Acesso em: 10 abr. 2015.

Como exemplo de empresas privadas que atuam no setor elétrico destacamos a Cia. de Eletricidade do Estado da Bahia-Coelba, ELEKTRO Eletricidade e Serviços S.A. e Energisa.

CAPÍTULO 3

INTERVENÇÃO DO ESTADO NA PROPRIEDADE PARA A PRESTAÇÃO DE SERVIÇO PÚBLICO DE ENERGIA ELÉTRICA

Neste capítulo, far-se-á uma análise do conceito de propriedade e as formas de intervenção do Estado na propriedade objetivando sua utilização para a prestação de serviço público de energia elétrica. Abordam-se, ainda, os principais aspectos regulatórios envolvidos na questão. Trata-se de etapa imprescindível para o entendimento da tributação da propriedade de bens afetados ao serviço público de energia elétrica.

3.1 Do conceito de propriedade

O conceito de propriedade está positivado no CC/2002,[159] que em seu artigo 1.228, *caput*, estabelece que o proprietário tem a faculdade de usar, gozar e dispor da coisa, e o direito de reavê-la do poder de quem quer que injustamente a possua ou detenha. O mesmo artigo, em seu §3º, *o proprietário pode ser privado da coisa, nos casos de desapropriação, por necessidade ou utilidade pública ou interesse social*, bem como no de requisição, em caso de perigo público iminente, e o art. 1.275, V, prevê que a desapropriação é uma das causas de perda da propriedade.

Fortini (2009, p. 85)[160] destaca que, embora a propriedade seja consagrada como direito fundamental, à luz do art. 5º, XXII e XXIII,

---

[159] BRASIL. Lei nº 10.406 de 10 de janeiro de 2002. Art. 1.228 do Código Civil.

[160] FORTINI, Cristiana. *Contratos Administrativos:* Franquia, Concessão, Permissão e PPP. 2. ed. São Paulo: Atlas, 2009, p. 85.

CR/88,[161] não se lhe reconhece o caráter absoluto, tendo em vista o dever de cumprir sua função social. E observa:

> Não é por outra razão que *a Lei nº 8987/95 protege os bens das concessionárias destinados ao serviço público*. A despeito de, à luz do Código Civil, serem considerados bens privados, porque de titularidade de pessoa jurídica de direito privado (art. 98), *assume feição peculiar à luz do direito administrativo (art. 7º, inciso VI, da Lei nº 8987/95)*, porque sua penhora, sua fácil alienação e sua aquisição mediante usucapião *seriam nocivas ao interesse público, na continuidade da prestação*.
>
> Não se trata de favor concedido irracionalmente às empresas prestadoras de serviço público, mas de garantia que salvaguarda o interesse público na manutenção do serviço público, ou seja, trata-se mais de uma manifestação de regime jurídico do serviço público, com ênfase no principio da continuidade do serviço público. (FORTINI, 2009, p. 856-86, grifos nossos)

Assim, os bens afetados à concessão de serviço público de energia elétrica, mesmo que aparentemente privados, guardam a devida proteção, objetivando a continuidade na prestação de serviço, com a consequente preservação do interesse público.

Ao versar sobre os bens da concessão e sua vinculação ao serviço concedido, Ganim (2009)[162] destaca que o art. 1º do Decreto-Lei nº 7.062, de 22.11.1944, estabelece que os bens e instalações utilizados na geração, transmissão, transformação e distribuição de energia hidro ou termoelétrica, concorrendo diretamente para aquelas atividades, são vinculados a estes serviços, *não podendo ser desmembrados, vendidos ou cedidos sem prévia e expressa autorização dos poderes competentes*.

A definição de afetação do bem será importante para identificar o regime aplicável ao bem. Como ensina Di Pietro, os bens não afetados à realização do serviço público submetem-se ao direito privado, enquanto os vinculados ao serviço público têm regime semelhante ao dos bens públicos de uso especial.

Carvalho Filho (2014)[163] cita que são bastante diversificados os fins almejados pelo Poder Público para assegurar a harmonia social e a ordem pública, diversas também serão as formas de intervenção do

---

[161] BRASIL, Constituição Federal de 1988.

[162] GANIM, Antônio. *Setor Elétrico Brasileiro:* aspectos regulamentares, tributários e contábeis. 2. ed. Rio de Janeiro: Synergia, 2009. Disponível em: <http://www.ganim.com.br/fotos/Image/File/LIVRO_GANIM_COMPLETO.pdf>. Acesso em: 23 mar. 2015, p. 104.

[163] CARVALHO FILHO, 2014, p. 795-796.

Estado na propriedade. O autor, didaticamente, admite duas formas básicas de intervenção, considerando a natureza e os efeitos desta em relação à propriedade: a) intervenção restritiva; e b) intervenção supressiva.

A diferença entre elas reside no fato de que, enquanto na intervenção restritiva o Estado impõe restrições e condicionamentos ao uso da propriedade, sem, contudo, retirá-la de seu dono; na intervenção supressiva, o Estado transfere coercitivamente para si a propriedade de terceiro, em virtude de algum interesse público previsto na lei.

Adiante, estudam-se as modalidades de restrição à propriedade mais utilizadas na prestação de serviço público de energia elétrica.

3.1.1 Da desapropriação

Trata-se de intervenção supressiva da propriedade. A desapropriação é definida por Di Pietro (2014)[164] como o procedimento administrativo pelo qual o Poder Público ou seus delegados, mediante prévia declaração de necessidade pública, utilidade pública ou interesse social, impõe ao proprietário a perda de um bem, substituindo-o em seu patrimônio por justa indenização.

Como o art. 2º, Decreto-Lei nº 3.365/41, prevê que podem ser sujeitos ativos da desapropriação por utilidade pública a União, os Estados, os Municípios, o Distrito Federal, o bem desapropriado pertencerá a um destes entes públicos, responsável pela desapropriação. *Enfim, com a desapropriação por necessidade pública, a propriedade particular é incorporada ao domínio do Estado.* Nesse sentido:

> A Constituição do Brasil indica, como pressupostos da desapropriação, a necessidade pública, a utilidade pública e o interesse social (arts. 5º, inciso X XIV, e 184). Doutrinariamente, costuma-se distinguir essas três hipóteses da seguinte maneira:
> 1. existe *necessidade pública quando a Administração está diante de um problema inadiável e premente,* isto é, que não pode ser removido, nem procrastinado, e para cuja solução é indispensável incorporar, no domínio do Estado, o bem particular";
> 2. "há utilidade pública quando a utilização da propriedade é conveniente e vantajosa ao interesse coletivo, mas não constitui um imperativo irremovível";

---

[164] DI PIETRO, Maria Sylvia Zanella. *Direito Administrativo.* 27. ed. São Paulo: Atlas, 2014. p. 166-176.

3. "ocorre interesse social quando o Estado esteja diante dos chamados interesses sociais, isto é, daqueles diretamente atinentes às camadas mais pobres da população e à massa do povo em geral, concernentes à melhoria nas condições de vida, à mais equitativa distribuição da riqueza, à atenuação das desigualdades em sociedade (cf. M. Seabra Fagundes, 1984:287-288). (DI PIETRO, 2014, p. 176, grifos nossos)

Contudo, a autora, ao versar sobre o destino dos bens desapropriados, estabelece que:

Como regra, os bens desapropriados passam a integrar o patrimônio das pessoas jurídicas políticas que fizeram a desapropriação (União, Estados, Municípios e Distrito Federal) *ou das pessoas públicas ou privadas que desempenhem serviços públicos por delegação do Poder Público*. (DI PIETRO, 2014, p. 189, grifos nossos)

Cabe reflexão a parte final da afirmativa acima. Para tal, vejamos o artigo 1.275, CC/2002,[165] *in verbis:*[166]

Capítulo IV - DA PERDA DA PROPRIEDADE
Art. 1.275. Além das causas consideradas neste Código, perde-se a propriedade:
I - por alienação;
II - pela renúncia;
III - por abandono;
IV - por perecimento da coisa;
V - por desapropriação.
Parágrafo único. Nos casos dos incisos I e II, os efeitos da perda da propriedade imóvel serão subordinados ao registro do título transmissivo ou do ato renunciativo no Registro de Imóveis. (CC 2002, art. 1.275, grifos nossos)

No caso da desapropriação, o particular perde a propriedade, mas quem recebe a propriedade do bem é o ente público que o desapropriou. No caso do serviço público de energia elétrica, o bem é destinado para a concessão e não para a concessionária. Assim, em que pese ocorrer o registro em nome da concessionária, o bem afetado pertence à concessão, logo, ao poder concedente, e não à concessionária.

---

[165] BRASIL, Código Civil, Lei nº 10.406 de 10 de janeiro de 2002. Art. 1.275.
[166] É uma expressão em latim usada no contexto jurídico que significa "nestes termos" ou "nestas palavras".

Nesse sentido, sobre o destino dos bens desapropriados, Carvalho Filho (2014) leciona que:

> *A regra geral, portanto, reside na circunstância de que os bens desapropriados devem integrar o patrimônio das pessoas ligadas ao Poder Público que providenciaram a desapropriação e pagaram a indenização.* Se determinado prédio, por exemplo, é desapropriado por um Estado para instalação de Secretaria, ingressará ele no patrimônio estadual e adquirirá o status de bem público.
>
> Observe-se, entretanto, que a integração do bem expropriado no patrimônio das pessoas componentes do Poder Público pode ser definitiva ou provisória.
>
> [...] Em princípio, a integração do bem deverá ser definitiva. Nos casos especiais, que adiante veremos, é que será provisória. Assinale-se, porque relevante, que, mesmo nas hipóteses em que a destinação seja provisória, os bens deverão ingressar primeiramente no patrimônio do expropriante e, somente após, no patrimônio de terceiros, aqueles a quem vai incumbir sua utilização e desfrute. Significa, pois, que é juridicamente inviável, na desapropriação, que o bem expropriado seja diretamente transferido para terceiro. (CARVALHO FILHO, 2014, p. 844, grifos nossos)

Destaca-se que a concessionária não é proprietária dos bens desapropriados e afetados à concessão do serviço público de energia elétrica, pois não pode dispor desses bens sem que o poder concedente, o proprietário, a autorize expressa e previamente. Ademais, ao final da concessão, a concessionária também não pode reaver tais bens do poder concedente. Pelo exposto, é lícito concluir que o proprietário dos bens afetados à concessão do serviço público de energia elétrica é o poder concedente, a União.

3.1.2 Da servidão administrativa

A servidão administrativa é uma espécie de intervenção restritiva imposta pelo Estado.[167] Carvalho Filho (2014)[168] a conceitua como o direito real público que autoriza o Poder Público a usar a propriedade imóvel para permitir a execução de obras e serviços de interesse coletivo.

---

[167] As demais formas são a requisição, a ocupação temporária, as limitações administrativas e o tombamento.

[168] CARVALHO FILHO, 2014, p. 796.

O autor destaca que o particular não poderá utilizar a propriedade a seu exclusivo critério e conforme seus próprios padrões, devendo subordinar-se às imposições emanadas pelo Poder Público, contudo, em compensação, conservá-la-á em sua esfera jurídica.

Assim, destaca-se que inexiste dúvida de que a propriedade continua com o particular, de sorte que não há que se falar em tributação da propriedade pela concessionária.

3.1.3 Da compra e venda

Em que pese o contrato de compra e venda ser forma de aquisição, e não de intervenção na propriedade, destaca-se que existem registros de obtenção de propriedade por meio dessa modalidade contratual para a construção de subestações de energia elétrica.

No caso em tela, apesar da formalização da aquisição por meio da compra e venda do imóvel, sendo o mesmo afetado ao serviço público, ainda assim será revertido ao final da concessão, e a concessionária não poderá dispor do bem.

Por todo o exposto, seja obtido por desapropriação ou por compra e venda, em sendo o bem imóvel afetado à concessão do serviço público de energia elétrica, tem-se que é do patrimônio do poder concedente e não da concessionária.

CAPÍTULO 4

DOS IMPOSTOS SOBRE A PROPRIEDADE

Na análise dos impostos sobre a propriedade, far-se-á uma análise da evolução histórica de forma a verificar o processo do seu desenvolvimento em âmbito constitucional. Na sequência, identificam-se as espécies de impostos sobre a propriedade, e selecionam-se as espécies a serem abordadas no presente estudo, sobre as quais se apresenta fundamento legal e hipótese de incidência.

4.1 Evolução histórica

Iniciaremos a análise da evolução histórica dos impostos sobre a propriedade a partir das constituições nacionais, dada sua importância para verificarmos o processo do seu desenvolvimento em âmbito constitucional.

O primeiro registro encontrado da cobrança de um imposto pessoal sobre o patrimônio imobiliário no Brasil está no art. 9º da Constituição de 1891,[169] *in verbis*:[170]

> Art 9º - É da *competência exclusiva dos Estados* decretar impostos:
> 1º sobre a exportação de mercadorias de sua própria produção;
> 2º sobre *Imóveis rurais e urbanos*;
> 3º sobre transmissão de propriedade;
> 4º sobre indústrias e profissões. (CR/1891, art. 9º, grifos nossos)

---

[169] CONSTITUIÇÃO DA REPÚBLICA DOS ESTADOS UNIDOS DO BRASIL. De 24 de fevereiro de 1891. Art. 9. Disponível em: <http://www.planalto.gov.br/ccivil_03/constituicao/constituicao91.htm>. Acesso em: 10 jan. 2015.

[170] É uma expressão em latim usada no contexto jurídico que significa "nestes termos" ou "nestas palavras".

Assim, no início da República, o patrimônio imobiliário, seja urbano ou rural, era tributado pelos Estados-Membros, que detinham competência exclusiva.

Com o advento da Constituição dos Estados Unidos do Brasil, de 1946, com redação dada pela EC nº 05, de 1961, o Imposto sobre a Propriedade Predial e Territorial Urbana e Rural, passou a ser do Município. Situação que seria alterada pela EC nº 10, de 1964, que manteve o Imposto sobre a Propriedade Predial e Territorial Urbana com o Município, e transferiu o Imposto sobre a Propriedade Territorial Rural para a União, senão vejamos:

Art. 15 - Compete à *União decretar impostos* sobre:
[...] VII - *Propriedade territorial rural.* (Incluído pela Emenda Constitucional nº 10, de 1964)
[...] Art. 29. Além da renda que lhes é atribuída por fôrça dos §§2º, 4º, 5º e 9º do art. 15, e dos impostos que, no todo ou em parte, lhes forem transferidos pelo Estado, *pertencem ao Municípios os impostos*: (Redação dada pela Emenda Constitucional nº 10, de 1964)
I - *Sôbre propriedade territorial urbana*; (Redação dada pela Emenda Constitucional nº 10, de 1964)
II - *predial*; (Redação dada pela Emenda Constitucional nº 5, de 1961)
(Constituição dos Estados Unidos do Brasil de 1946, grifos nossos)[171]

Esta distribuição foi mantida na Constituição de 1967, que nos artigos 22 e 25 possuíam a seguinte redação:

Art 22 - Compete à *União decretar impostos* sobre:
[...] III - *propriedade territorial, rural*;
[...] Art 25 - Compete aos *Municípios decretar impostos* sobre:(Vide Decreto nº 93.447, de 1986)
I - *propriedade predial e territorial urbana*;
(Constituição da República Federativa do Brasil de 1967, *grifos nossos*)[172]

A CR/88 também não alterou esta distribuição, nos termos dos artigos 153, VI, e 156, I, *in verbis:*[173]

---

[171] CONSTITUIÇÃO DOS ESTADOS UNIDOS DO BRASIL. De 18 de setembro de 1946.

[172] CONSTITUIÇÃO DA REPÚBLICA FEDERATIVA DO BRASIL. De 24 de janeiro de 1967.

[173] É uma expressão em latim usada no contexto jurídico que significa "nestes termos" ou "nestas palavras".

Art. 153. Compete à *União instituir impostos* sobre:
[...] *VI - propriedade territorial rural;*
[...] Art. 156. Compete aos *Municípios instituir impostos* sobre:
*I - propriedade predial e territorial urban*a;
(Constituição da República Federativa do Brasil de 1988, *grifos nossos*).[174]

Quanto ao Imposto sobre a Propriedade de Veículos Automotores (IPVA), este é bem mais recente. Calmon (2014)[175] destaca que a sua origem remonta uma estranha Taxa Rodoviária Única (TRU), que curiosamente não era taxa, pois gravava a propriedade de veículos automotores pelo valor dos mesmos e sua procedência, de sorte que os veículos importados pagavam mais. E afirma:

> Ademais, *tinha feitio extrafiscal, favorecendo-se os veículos movidos a álcool carburante*, e a receita era partilhada entre União e os estados, destinando-se a sua arrecadação à manutenção das rodovias. *Era cobrada anualmente por ocasião da vistoria e licenciamento dos veículos* pelos DETRANS. (CALMON, 2014, p. 523, grifos nossos)

Calmon (2014) destaca, ainda, que a CR/88[176] manteve o imposto corretamente na competência do Estado, atribuindo metade da arrecadação aos municípios da situação do veículo, na esteira da EC nº 27/85 à Constituição de 1967, que tinha transformado a TRU em IPVA.

4.2 Espécies de impostos sobre a propriedade

Assim, tem-se que os impostos sobre a propriedade no Brasil são três, a saber: i) Imposto sobre a Propriedade Territorial Rural (ITR), previsto na CR/88,[177] art. 153, VI; ii) Imposto sobre a Propriedade de Veículos Automotores (IPVA), previsto na CR/88, art. 155, III; e iii) Imposto sobre a Propriedade Predial e Territorial Urbana (IPTU), previsto na CR/88, art. 156, I.

---

[174] CONSTITUIÇÃO DA REPÚBLICA FEDERATIVA DO BRASIL. De 5 de outubro de 1988.

[175] CALMON, Sacha. *Curso de direito tributário brasileiro.* 13. ed. Rio de Janeiro: Forense, 2014. p. 523.

[176] BRASIL, Constituição Federal de 1988.

[177] BRASIL, Constituição Federal de 1988.

4.3 Critérios de seleção e espécies a serem analisadas

Por pertinência temática, dedicar-se-á apenas à avaliação de impostos sobre a propriedade de bens afetados ao serviço público de energia elétrica.

À luz da fundamentação desenvolvida até o momento, entende-se que o IPVA, por incidir sobre os veículos automotores, classificados como bens não reversíveis, não será objeto do presente estudo. Dessa forma, concentrar-se-á no estudo dos outros dois impostos sobre a propriedade, quais sejam, ITR e IPTU.

4.4 Imposto sobre a Propriedade Territorial Rural (ITR)

Na sequência, analisar-se-á o fundamento legal e a hipótese de incidência do ITR, bem como a posição da doutrina sobre o referido imposto.

4.4.1 Fundamento legal

Paulsen e Melo (2012)[178] destacam que a competência para a instituição do ITR, pela União, consta do art. 153, da CR/88,[179] que ainda estabelece critérios a serem observados na sua instituição, bem como caso de imunidade, e a possibilidade de opção dos Municípios pela sua fiscalização. Os autores observam que os arts. 29 a 31 do Código Tributário Nacional (CTN) estabelecem as normas gerais atinentes ao ITR, definindo arquétipos para o fato gerador, para a base de cálculo e para o contribuinte, e que a Lei nº 9.393/96 é o diploma instituidor do ITR. Acerca dos demais normativos sobre o ITR, destacam que:

> O Decreto 4.382/02, regulamenta a tributação, a fiscalização, a arrecadação e a administração do Imposto sobre a Propriedade Territorial Rural – ITR. A Instrução Normativa SRF nº 256/02, alterada pela IN SRF 861/08, dispõe sobre normas de tributação relativas ao Imposto sobre a Propriedade Territorial Rural e dá outras providências. *A Lei 11.250/05 dispõe sobre a celebração de convênio entre a União e os Municípios para a delegação das atribuições de fiscalização, lançamento e cobrança do ITR, o que*

---

[178] PAULSEN, Leandro; MELO, José Eduardo Soares de. *Impostos federais, estaduais e municipais*. 7. ed. rev. e atual. Porto Alegre: Livraria do Advogado, 2012. p. 122.

[179] BRASIL, Constituição Federal de 1988.

é detalhado pela IN SRF 884/08. O Decreto 6.433/08, por sua vez, dispõe sobre o termo de opção pelos Municípios e seus efeitos. (PAULSEN; MELO, 2012, p. 122)

Assim, o art. 153, III, da CR/88, outorga competência à União para a instituição de Imposto sobre a Propriedade Territorial Rural.

4.4.2 Hipótese de incidência

Melo (2012)[180] conceitua a hipótese de incidência como a previsão abstrata contida na lei dos elementos integrantes da norma tributária, compreendendo: i) os sujeitos (ativo e passivo); ii) a materialidade (atos, fatos, situações e estados jurídicos); iii) a quantificação (base de cálculo e alíquota); e iv) os aspectos espacial e temporal.

Assim, a hipótese de incidência do ITR é a propriedade de bem imóvel localizado fora da zona urbana do Município; *contribuinte o proprietário do imóvel*; base de cálculo o valor venal do imóvel; alíquota específica devida no primeiro dia do ano de cada exercício ao Município onde estiver localizado o imóvel.

Sobre o ITR, Melo (2012)[181] conceitua o seguinte:

> *Fatos geradores* – Propriedade, domínio útil ou posse do imóvel por natureza, localizado fora da zona urbana do Município, em 1º de janeiro de cada ano. Bens imóveis compreendem o solo e tudo quanto se lhe incorporar natural ou artificialmente (CC, art. 79). *Considera-se imóvel rural a área contínua, formada de uma ou mais parcelas de terras, localizadas na zona rural do Município*, ainda que, em relação a alguma parte do imóvel, o sujeito passivo detenha apenas a posse. Considera-se área contínua a área total do prédio rústico, mesmo que fisicamente dividida por ruas, estradas, rodovias, ferrovias, ou por canais ou curso de água. [...] *Restrições ao uso da propriedade* – Prejudicam a exigência do imposto como as limitações administrativas; ocupação temporária por motivo de inundação (CF, art. 5o, XXV); tombamento pela proteção ao patrimônio histórico e cultural (CF, art. 216, §1o); requisição em razão de iminente perigo em tempo de guerra (CF, art. 22, III); desapropriação pela perda do bem por necessidade ou utilidade pública, ou interesse social (CF, art. 5o, XXIV); servidão administrativa (CC, arts. 1.378 a 1.389).

---

[180] MELO, José Eduardo Soares de. *Dicionário de direito tributário*: material e processual. São Paulo: Saraiva, 2012. p. 115.

[181] MELO, José Eduardo Soares de. *Dicionário de direito tributário*: material e processual. São Paulo: Saraiva, 2012. p. 135.

Não incidência – (a) pequena gleba rural, desde que o seu proprietário a explore só ou com sua família, e não possua outro imóvel; (b) imóveis rurais da União, dos Estados, do Distrito Federal e dos Municípios; (c) imóveis rurais de autarquias e fundações instituídas e mantidas pelo Poder Público, desde que vinculados às suas finalidades essenciais ou às dela decorrentes; e (d) imóveis rurais de instituições de educação e de assistência social, sem fins lucrativos, relacionados às suas finalidades essenciais.

Competência – União. O imóvel que pertencer a mais de um Município deverá ser enquadrado no Município onde fique a sede do imóvel; e, se esta não existir, será enquadrado no Município onde se localize a maior parte do imóvel.

Contribuintes – Proprietário do imóvel rural, titular de seu domínio útil (aquele que adquiriu o imóvel por enfiteuse ou aforamento), ou o seu possuidor, a qualquer título (usufruto; ou quem detenha a posse com justo título e boa-fé, sem oposição, independentemente de justo título e boa-fé, por ocupação autorizada, ou não, pelo Poder Público; ou por promessa ou compromisso particular de compra e venda). Responsável: Sucessor, a qualquer título (CTN, arts. 128 a 133). (MELO, 2012, p. 135, grifos nossos)

Paulsen (2014)[182] destaca que a propriedade é o mais amplo dos direitos reais, e observa:

Assim é que aparece definida no art. 1.228 do Código Civil (Lei 10.406/02): Art. 1.228. O proprietário tem a faculdade de usar, gozar e dispor da coisa, e o direito de reavê-la do poder de quem quer que injustamente a possua ou detenha." O caput do art. 524 do Código Civil de 1916, em vigor quando do advento da Constituição de 1988, já dispunha: *"A lei assegura ao proprietário o direito de usar gozar e dispor de seus bens, e de reavê-los do poder de quem quer que injustamente os possua."* (PAULSEN, 2014, p. 318, grifo nosso)

O autor lembra que, tendo em conta que a lei tributária não pode alterar a definição, o conteúdo e o alcance de institutos, conceitos e formas de direito privado, utilizados pela Constituição para definir competências tributárias (art. 110 do CTN), certo é que a base econômica prevista no art. 153, VI, CR/88 tem de ser considerada tendo por base o conceito de propriedade que constava do CC/1916, art. 524, mantido pelo CC/2002, de maneira que o exercício da competência tributária,

---

[182] PAULSEN, Leandro; MELO. *Impostos Federais, Estaduais e Municipais*. 9. ed. 2014. p. 318.

ou seja, a instituição do ITR, deve ater-se à tributação da propriedade tal como definida. E alerta:

> Não se pode equiparar à propriedade qualquer outro direito real. O direito de propriedade, como já referido, envolve a faculdade de usar, de gozar e de dispor. *É esta revelação de riqueza que foi apontada pela Constituição como capaz de ensejar a sujeição do seu titular a um imposto de competência da União com fundamento no seu art. 153, VI.* Assim, inobstante toda a prática em sentido contrário e mesmo a letra do art. 29 CTN, tenho que o legislador só pode indicar como contribuinte o proprietário, e não o titular de outros direitos reais menos densos e que não revelam riqueza na condição de proprietário, ainda que seus titulares exerçam prerrogativas típicas do proprietário, eis que sempre serão prerrogativas parciais ou temporárias, como a superfície, as servidões, o usufruto, o uso e o direito do promitente comprador, previstos no art. 1.225, II a VII do Código Civil (Lei 10.406/02). (PAULSEN, 2014, p. 318, grifo nosso)[183]

O autor destaca que estes outros direitos reais são revelações de riqueza em menor grau, não eleitas pela Constituição como ensejadoras, por si sós, da instituição de impostos pelos Estados, e não é por acaso que a propriedade consta como o primeiro dos direitos reais, no CC/2002, art. 1.225, I, que cuidou de diferenciá-lo dos demais em razão da sua plenitude.

Paulsen (2014)[184] destaca, ainda, a impossibilidade de indicação de titulares de outros direitos reais como contribuintes, uma vez que os titulares de outros direitos reais que não a propriedade não podem ser postos na condição de contribuinte pelo legislador quando da instituição do ITR, pois eles não revelam a riqueza de "proprietário".

O autor destaca que "territorial" é adjetivo que designa o que é relativo a território, sendo este uma extensão de terra, e a base econômica estampada na CR/88, art. 153, VI, portanto, enseja a tributação da grandeza dimensionada pela propriedade da terra nua, diferentemente do que se tem no art. 156, I, em que a CR/88, ao definir a base econômica de competência dos Municípios, refere-se à propriedade "predial e territorial" urbana. Ele observa, ainda, que a Lei nº 9.393/96 estabelece a incidência do ITR sobre a propriedade de imóvel por natureza, apontando, como base de cálculo, o Valor da Terra Nua Tributável (VTNT).

---

[183] *Ibidem*, p. 85.
[184] *Ibidem*, p. 85.

4.5 Imposto sobre a Propriedade Predial e Territorial Urbana (IPTU)

Na sequência, analisar-se-á o fundamento legal e a hipótese de incidência do IPTU, bem como a posição da doutrina sobre o referido imposto.

4.5.1 Fundamento legal

O IPTU tem fundamento legal nos arts. 156, I, §1º, I e II; 182, §4º, II, da CR/88, nos arts. 32 a 34, CTN, no art. 7º, §§1º a 3º, da Lei Federal nº 10.257, de 10.07.2001, Estatuto da Cidade, e na Legislação Municipal.

4.5.2 Hipótese de incidência

À luz do conceito elaborado por Melo (2012),[185] a hipótese de incidência do IPTU é a propriedade de bem imóvel localizado na zona urbana do Município; contribuinte o proprietário do imóvel; base de cálculo o valor venal do imóvel; alíquota específica devida no primeiro dia do ano de cada exercício ao Município onde estiver localizado o imóvel.

Castro (2010)[186] ensina que o Código Civil empresta a compreensão de propriedade (art. 1.228 e ss), de domínio útil (art. 1.228 e ss, 1.473, III), de posse (art. 1.196 e ss), de bens imóveis (art. 79 e ss), de acessão física (art. 1.248 e ss).

Cabe registro a lição de doutrinadores como Paulsen (2014)[187] que defendem a inconstitucionalidade de qualquer legislação que venha a fixar como fato gerador do IPTU outra relação jurídica que não a propriedade. Senão vejamos:

> Entendemos que *os arts. 32 e 34 do CTN, no que desbordam do conceito de propriedade e de proprietário, são incompatíveis com o texto constitucional*, não ensejando validamente a tributação do domínio útil e da posse, bem como a exigência do IPTU dos respectivos titulares. De fato, note-se que *é a riqueza revelada pela propriedade que é dada à tributação.*

---

[185] MELO, José Eduardo Soares de. *Dicionário de direito tributário*: material e processual. São Paulo: Saraiva, 2012. p. 115.

[186] CASTRO, José Nilo de. *Direito Municipal Positivo:* revista e atualizada. Belo Horizonte: Del Rey, 2010. p. 262.

[187] PAULSEN, Leandro; MELO. *Impostos Federais, Estaduais e Municipais*. 9. ed. 2014. p. 455.

Assim, não se pode tributar senão a propriedade e senão quem revele tal riqueza. A titularidade de qualquer outro direito real revela menor riqueza e, o que importa, não foram os demais direitos reais previstos constitucionalmente como ensejadores de impostos. (PAULSEN, 2014, p. 455, grifos nossos)

Em que pese o STF, no julgamento do RE nº 253.472/SP, ter acolhido o instituto da posse, definido no CTN como fato gerador do IPTU, comunga-se do entendimento exarado por Paulsen, no sentido de que somente a propriedade revela a capacidade contributiva para a exação pelo IPTU.

Sobre a impossibilidade de exigência simultânea de ITR e IPTU, Paulsen e Melo (2012)[188] destacam que:

Interpretando-se sistematicamente o CTN, *vemos que o ITR e o IPTU se excluem mutuamente*, de modo que nenhum proprietário pode ser chamado ao pagamento de ambos os impostos. Isso porque se trata de imóvel rural sujeito ao ITR, nos termos do art. 29 do CTN, ou de imóvel urbano sujeito ao IPTU, nos termos do art. 32 do CTN. *Jamais algum imóvel poderá ser considerado, para fins de tributação, como urbano e rural ao mesmo tempo.* Poderia haver conflitos positivos de competência não fosse a regra do art. 32, §1º, do CTN, que torna inequívoco caber ao Município definir, por lei municipal, a sua zona urbana, observado o requisito da presença de pelo menos dois itens de infraestrutura urbana, que arrola, podendo considerar, também, como urbanas, as áreas urbanizáveis ou de expansão urbana, constantes de loteamentos aprovados, destinados à habitação, à indústria ou ao comércio. *A zona rural acaba sendo identificada por exclusão*: é a zona não considerada como urbana pela lei municipal.

Note-se, ainda, que o §2º do art. 1º da Lei 9.393/96 define o imóvel como a "área contínua" localizada na zona rural: "§2º Para os efeitos desta Lei, considera-se imóvel rural a área contínua, formada de uma ou mais parcelas de terras, localizada na zona rural do município. (PAULSEN; MELO, 2012, p. 127-128, grifos nossos)

Pelo exposto, em nenhuma hipótese um imóvel poderá ser considerado, para fins de tributação, como urbano e rural ao mesmo tempo, haja vista que o ITR e o IPTU se excluem mutuamente.

---

[188] PAULSEN, Leandro; MELO, José Eduardo Soares de. *Impostos federais, estaduais e municipais*. 7. ed. rev. e atual. Porto Alegre: Livraria do Advogado, 2012. p. 127-128.

CAPÍTULO 5

DA IMUNIDADE TRIBUTÁRIA RECÍPROCA DOS BENS AFETADOS À CONCESSÃO DO SERVIÇO PÚBLICO DE ENERGIA ELÉTRICA

Esclarecida a importância do princípio da segurança jurídica em matéria tributária para a atividade empresarial, à luz dos fundamentos de Direito Regulatório já apresentados, e considerados o fundamento legal e a hipótese de incidência do ITR e do IPTU, analisar-se-á a questão da imunidade recíproca sobre os bens afetados à concessão do serviço público de energia elétrica.

5.1 Incidência, não incidência, imunidade e isenção

Amaro (2010)[189] afirma que "há incidência de tributo quando determinado fato, por enquadrar-se no modelo abstratamente previsto pela lei, se juridiciza e irradia o efeito, também legalmente previsto, de dar nascimento a uma obrigação de recolher tributo". O autor destaca que, a par do fato gerador de tributo, há outros fatos que podem ser matizados por normas da legislação tributária, sem que haja incidência (de tributos) sobre eles. Como exemplo, cita as normas de imunidade ou de isenção, que positivam certos fatos, para o efeito não de dar a eles a aptidão de gerar tributos, mas, em sentido contrário, negar-lhes expressamente essa aptidão, ou excluí-los da aplicação de outras normas (de incidência de tributos). E destaca:

---

[189] AMARO, Luciano. *Direito Tributário Brasileiro*. 16. ed. São Paulo: Saraiva, 2010. p. 305-306.

> *Quando se fala de* incidência (ou melhor, de *incidência de tributo*), *deve-se ter em conta, portanto, o campo ocupado pelos fatos que,* por refletirem a hipótese de incidência do tributo legalmente definida, *geram obrigações de recolher tributos.* Fora desse campo, não se pode falar de incidência de tributo, mas *apenas da incidência de normas de imunidade, da incidência de normas de isenção* etc.
>
> Todos os fatos que não têm a aptidão de gerar tributos compõem o campo da não incidência (de tributo).
>
> Os fatos integrantes do campo da não incidência *podem apresentar-se com diversas roupagens jurídicas.* Fatos há que, por se situarem *longe dos modelos de situações reveladoras de capacidade contributiva, nem sequer são cogitados como suportes materiais de tributos* (por exemplo, o fato de alguém *respirar, ou de olhar as estrelas*); *outros, embora pudessem ter sido incluídos no rol das situações tributáveis, não o foram* (ou porque o legislador não o quis ou porque lhe falecia competência para fazê-lo). Em todas essas situações, estamos inegavelmente no campo da não incidência. *Esse campo é integrado, ainda, pelas situações imunes e isentas* (nas quais, portanto, o tributo também não incide). (AMARO, 2010, p. 305, grifos nossos)

Assim, o autor destaca que todos os fatos que não têm a aptidão de gerar tributos compõem o campo da não incidência tributária, no qual inclui, ainda, as imunidades e isenções.

Ao versar sobre a isenção, Amaro (2010) destaca que nesta há uma técnica peculiar utilizada no processo de definição do campo de incidência, e ensina:

> Suponhamos que o legislador possa, *num universo de cem espécies, tributar noventa* (porque as outras dez são imunes e, portanto, ficaram fora do campo onde a competência tributária pode ser exercitada). *Se o legislador ordinário não tributar essas noventa espécies, total ou parcialmente, teremos a situação não incidência pura e simples.* Mas pode ocorrer que o legislador, pretendendo tributar parte das noventa espécies, decida, em vez de relacionar as espécies que efetivamente queira gravar, optar pela técnica da isenção, que consiste em estabelecer, em regra, a tributação do universo, e, por exceção, as espécies que ficarão fora da incidência, ou seja, continuarão não tributáveis. *Essas espécies excepcionadas dizem-se isentas*). (AMARO, 2010, p. 306, grifos nossos)[190]

O autor observa que a diferença entre a chamada não incidência pura e simples e a isenção é apenas formal, dizendo respeito à técnica utilizada pelo legislador, e que a técnica da isenção tem notáveis virtudes simplificadoras, sendo que, por meio dela, podem ser excepcionadas

---

[190] *Ibidem*, p. 90.

situações que, pela natureza dos fatos, bens, pessoas, ou em função da região, setor de atividades, ou outro critério, que o legislador eleja para não onerar com o tributo, por diversas razões. Contudo, adverte que há de haver um critério válido de discrímen para justificar a isenção, a fim de harmonizá-la com o preceito constitucional da isonomia.

Ao destacar a relação de gênero e espécie, Amaro (2010) observa que a isenção atua geralmente num sistema de *par de normas*, em que uma é regra, a outra é exceção, ou seja, uma é gênero, a regra pela qual o tributo é devido, e a outra é espécie, a norma excepcionada, pela qual não há incidência para casos específicos. E exemplifica:

> Uma norma diz, por exemplo, que *todos os rendimentos oriundos do trabalho são tributáveis*; a outra excepciona (ou "isenta", ou declara "não tributáveis" ou "não sujeitos à incidência") os rendimentos de aviso prévio indenizado e salário-família. (AMARO, 2010, p. 307, grifos nossos)[191]

Quanto à imunidade, Silva (2014)[192] ensina que o termo é oriundo do latim *immunitas*,[193] e entende-se como o privilégio outorgado a alguém, para que se isente de certas imposições legais, em virtude do que não é obrigado a fazer ou a cumprir certa obrigação, determinada em caráter geral. Já a imunidade tributária, para o autor, designa as vedações ao princípio jurídico da tributação obrigatória, oriundas de expressos e inextensivos preceitos constitucionais previstos nos arts. 150 a 152, CR/88.

Amaro (2010),[194] ao versar sobre a imunidade, destaca que há situações nas quais, seja por considerações de caráter pessoal ou real, a Constituição não reconhece competência para criação de tributos, e lembra que tais situações estão no campo da não incidência, afinal, neste caso, nem sequer existe competência tributária. O efeito prático disto é que, se instituído o tributo sobre um universo de situações que compreenda a hipótese de imunidade, esta permanece no campo da não incidência, livre de tributação; e, caso a lei declare a incidência sobre a situação imune, seu preceito será nulo, por padecer de vício de inconstitucionalidade. A imunidade é técnica utilizada pelo constituinte

---

[191] AMARO, Luciano. *Direito Tributário Brasileiro*. 16. ed. São Paulo: Saraiva, 2010. p. 307.

[192] SILVA, De Plácido e. *Vocabulário Jurídico*. Atualizadores: Nagib Slaibi Filho e Priscila Pereira Vasques Gomes. Rio de Janeiro: Forense, 2014. p. 726.

[193] É uma expressão em latim usada no contexto jurídico que significa "isenção" ou "dispensa".

[194] *Ibidem*, p. 90.

no momento em que define o campo sobre o qual outorga competência, ensina o autor.

Em que pese imunidade e isenção terem como consequência a não incidência, é importante diferenciá-las. Nesse sentido, Amaro ensina que a imunidade e a isenção distinguem-se em função do plano em que atuam, pois enquanto a primeira opera no plano da definição da competência, a segunda atua no plano da definição da incidência. Amaro (2010)[195] afirma que, a imunidade é técnica utilizada pelo constituinte, no momento em que define o campo sobre o qual outorga competência, e exemplifica:

> Diz, por exemplo, o constituinte: Compete à União tributar a renda, exceto a das instituições de assistência. Logo, *a renda dessas entidades não integra o conjunto de situações sobre que pode exercitar-se aquela competência*. A imunidade, que reveste a hipótese excepcionada, atua, pois, no plano da definição da competência tributária. *Já a isenção se coloca no plano da definição da incidência do tributo, a ser implementada pela lei (geralmente ordinária) por meio da qual se exercite a competência tributária.*
> Suponha-se que *o legislador possa tributar todas as situações "y", mas não queira tributar as espécies "y1" e "y2".* Dirá, então, o legislador: *"Fica instituído o tributo 'x' sobre o grupo de situações 'y', exceto 'y1' e 'y2'".* As hipóteses excepcionadas não compõem, portanto, o rol de situações sobre o qual incide o tributo. Trata-se, como se vê, de técnica empregada no plano da definição da incidência, para, via exceção, deixar fora dela as situações que o legislador não quer tributar. (AMARO, 2010, p. 307, grifos nossos)

Amaro (2010) conclui que as diferenças entre as várias formas de não incidência dizem respeito à técnica legislativa, *in verbis*:[196]

> Se o ordenamento jurídico declara a *situação não tributável, em preceito constitucional, temos a hipótese de imunidade tributária.* Se a *lei exclui a situação, subtraindo-a da regra de incidência estabelecida sobre o universo de que ela faz parte, temos a isenção.* Se o *fato simplesmente não é referido na lei, diz-se ele pertencente ao campo da não incidência pura e simples,* ou da não incidência, *tout court.* Não se nega que essas diferenças de técnica legislativa tenham relevância. O que se afirma é que não há diferença substancial entre as várias formas de que se pode revestir a não incidência. (AMARO, 2010, p. 308, grifos nossos)

---

[195] *Ibidem*, p. 91.

[196] É uma expressão em latim usada no contexto jurídico que significa "nestes termos" ou "nestas palavras".

DA IMUNIDADE TRIBUTÁRIA RECÍPROCA DOS BENS AFETADOS À CONCESSÃO DO SERVIÇO PÚBLICO DE ENERGIA ELÉTRICA

Sob o prisma da alteração legislativa da isenção e da imunidade, Amaro (2010) ensina que esta é mais rígida, uma vez que sua alteração demandaria reforma constitucional, haja vista ser considerada cláusula pétrea, esbarrando no disposto no art. 60, §4º, IV, da Constituição, pois a imunidade foi inserida entre os direitos e garantias individuais: art. 150, VI. Por sua vez, a tributação de uma situação isenta depende da simples revogação do preceito definidor da isenção, representando, dessa forma, uma regra de não incidência mais flexível, e dependente da vontade do legislador, o que pode favorecer[197] ou onerar o contribuinte, conforme o caso.

Cabe registrar o entendimento de Calmon (2014),[198] no sentido de que a imunidade e a isenção são, existem, vêm de entes legais positivos, enquanto que a não incidência natural ou pura como tal inexiste, é um não ser. A imunidade e a isenção são técnicas legislativas, afirma o autor.

Por oportuno, cabe destacar a lição de Amaro (2010),[199] no sentido de que as imunidades são definidas em função de condições pessoais de quem venha a vincular-se às situações materiais que ensejariam a tributação, e cita o exemplo da renda, em regra passível de ser tributada, mas é imune quando auferida por partido político ou por entidade assistencial que preencha certos requisitos.

5.2 Da imunidade tributária recíproca – CR/88, art. 150, VI, "a"

Jesus (2012)[200] destaca que a denominada imunidade recíproca é decorrente de dois princípios constitucionais muito importantes: princípio federativo e princípio da isonomia. A expressão, segundo o autor, foi inserida na Constituição de 1891, pelo autor do anteprojeto, Rui Barbosa, que levou em consideração o precedente acontecido nos Estados Unidos em 1819, quando o Estado de Maryland pretendeu cobrar imposto sobre a selagem com estampilhas de uma filial do

---

[197] Como exemplo de isenção que favoreceu o contribuinte, pode-se citar a isenção de tributos para aquisição com menor emissão de poluentes ou a isenção de IPI para a linha branca (eletrodomésticos).

[198] CALMON, Sacha. *Curso de direito tributário brasileiro*. 13. ed. Rio de Janeiro: Forense, 2014. p. 150.

[199] AMARO, Luciano. *Direito Tributário Brasileiro*. 16. ed. São Paulo: Saraiva, 2010. p. 176.

[200] JESUS, Ricardo Bonfá de. Imunidade da sociedade de economia mista. In: CARRAZZA, Elizabeth Nazar (Coord.); MORETTI, Daniel (Org.). *Imunidades Tributárias*. Rio de Janeiro: Elsevier, 2012. p. 226.

banco oficial. Na ocasião, relata o autor, o gerente do *Bank of U.S.*,[201] denominado McCulloch, levou o caso à Corte Suprema, e a decisão se tornou um verdadeiro *leading case*,[202] conhecido como McCulloch *Versus* Mayland. Jesus (2012) destaca ainda, que a Corte presidida pelo juiz John Marshall firmou o entendimento que: (1) a competência para tributar por meio de impostos envolve, eventualmente, a competência para destruir; (2) não se deseja, e a própria Constituição não admite, nem que a União destrua os Estados-membros, nem vice-versa, nem mesmo que estes se destruam mutuamente; e (3) União e Estados-membros não podem exigir impostos entre si.

No ordenamento jurídico brasileiro, a imunidade tributária recíproca está prevista na CR/88, art. 150, VI, "a", e consiste na vedação à União, aos Estados, ao Distrito Federal e aos Municípios de instituir impostos sobre *patrimônio*, renda ou serviços, uns dos outros.

Para Carvalho (2012),[203] a imunidade recíproca, prevista no art. 150, VI, "a", da Constituição é uma decorrência pronta e imediata do postulado da isonomia dos entes constitucionais, sustentado pela estrutura federativa do Estado brasileiro e pela autonomia dos Municípios. Na verdade, encerraria imensa contradição imaginar o princípio da paridade jurídica daquelas entidades e, simultaneamente, conceder pudessem elas exercitar suas competências impositivas sobre o patrimônio, a renda e os serviços, umas com relação às outras. O ilustre doutrinador entende que, se não houvesse disposição expressa nesse sentido, estaríamos forçados a admitir o princípio da imunidade recíproca, como corolário indispensável da conjugação do esquema federativo de Estado com a diretriz da autonomia municipal. Continuaria a imunidade, ainda que implícita, com o mesmo vigor que a formulação expressa lhe outorgou.

Mendes (2012)[204] destaca que, entre as imunidades genéricas, está a imunidade recíproca. Trata-se de decorrência do princípio federativo, do princípio da isonomia das pessoas políticas e da autonomia

---

[201] *Bank of the United States* é uma expressão americana para definir: Banco dos Estados Unidos.

[202] SOARES, Guido Fernando Silva. *Common Law*: Introdução ao Direito dos EUA. 1. ed., 2. tir., RT, 1999, p. 40-42, ensina que o *leading case* é "uma decisão que tenha constituído em regra importante, em torno da qual outras gravitam" que "cria o precedente, com força obrigatória para casos futuros".

[203] CARVALHO, Paulo de Barros. *Curso de Direito Tributário*. 24. ed. São Paulo: Saraiva, 2012. p. 35.

[204] MENDES, Gilmar Ferreira; BRANCO, Paulo Gustavo Gonet. *Curso de direito constitucional*. 7. ed. rev. e atual. São Paulo: Saraiva, 2012. p. 1640.

municipal. É regra de imunidade que existiria ainda que não fosse prevista expressamente, já que a tributação, sobretudo por meio de impostos, pressupõe a supremacia daquele que cobra a exação em relação a quem a paga. E assevera, ainda, que não é dado a uma pessoa política criar embaraços à atuação de outra por meio de impostos. A imunidade recíproca seria, de certo modo, garantia da própria federação. Foi esse o sentido dado à imunidade, no julgamento da Ação direta de inconstitucionalidade (ADI) 939, ajuizada contra a lei que instituiu o Imposto Provisório sobre a Movimentação ou a Transmissão de Valores e de Créditos e Direitos de Natureza Financeira (IPMF). Decidiu-se, no caso, que o constituinte derivado não poderia afastar a aplicação da imunidade recíproca, por tratar-se de norma imutável na Constituição, isto é, cláusula pétrea.

Torres (2011),[205] ao versar sobre imunidade tributária, ensina que:

> Funcionalmente, *a norma de imunidade tributária desempenha importante papel dentro do contexto do sistema tributário*, como *garantia de direitos fundamentais (i)* ou *proteção da autonomia das unidades do federalismo (ii)*, ambos separados por cláusula pétrea; bem como de *exclusão da competência tributária de situações específicas*, não protegidas pela cláusula de perenidade, ainda que sob a idêntica forma de mutilação expressa da competência (iii). Quer dizer, *ou bem a imunidade tem função de garantia material de direitos fundamentais ou do federalismo (cláusulas pétreas), ou bem adota a função de simples exclusão de competência, sem revestir-se da cláusula pétrea*. (TORRES, 2011, p. 611, grifos nossos)

Adicionalmente, o autor afirma que as imunidades tributárias são normas constitucionais dirigidas imediatamente à regulação das condutas dos legisladores, e que prescrevem proibição de exercício da competência tributária sobre certas situações pessoais ou materiais.

Nesse sentido, destaca Amaro (2010)[206] que, sem prejuízo de outras garantias asseguradas ao contribuinte, o art. 150 da CR/88 arrola, juntamente com uma série de princípios, as imunidades referidas no seu inciso VI. Em primeiro lugar, o autor disciplina a chamada imunidade recíproca, segundo a qual cada uma das pessoas políticas não pode exigir tributo que grave o patrimônio, a renda ou os serviços das demais, e cujo objetivo é a proteção do federalismo.

---

[205] TORRES, Heleno Taveira. *Direito Constitucional Positivo e Segurança Jurídica:* Metódica da Segurança Jurídica do Sistema Constitucional Tributário. São Paulo: Melhoramentos, 2011. p. 611.

[206] *Ibidem*, p. 93.

Carraza (2013)[207] ensina que as empresas estatais não são imunes à tributação por meio de impostos e devem pagá-los normalmente. Mas alerta:

> Estamos, no entanto, convencidos de que as empresas públicas e as *sociedades de economia mista, quando delegatárias de serviços públicos ou de atos de polícia são tão imunes aos impostos quanto as próprias pessoas políticas, a elas se aplicando, destarte o princípio da imunidade recíproca.* [...] as empresas estatais, quando delegatárias de serviços públicos ou de atos de polícia – e que, portanto, não exploram atividades econômicas -, não se sujeitam à tributação por meio de impostos, justamente porque são a *longa manus*[208] das pessoas políticas que, por meio de lei, as criam e lhes apontam os objetivos públicos a alcançar. (CARRAZZA, 2013, p. 841-842, grifos nossos)

O autor destaca, ainda, entendimento pelo qual o princípio da imunidade recíproca alcança não apenas as pessoas políticas, mas também os serviços e atos de polícia de que são titulares.

5.2.1 Da imunidade tributária recíproca no direito comparado

Torres (2011)[209] ensina que são muitas as imunidades encontradas em Constituições estrangeiras, motivo pelo qual não é correto afirmar que sejam as imunidades presentes apenas na Constituição brasileira.

Especificamente sobre a imunidade recíproca, o autor destaca que o art. 285 da Constituição da Índia estipula que a propriedade da União está imune de tributação pelos Estados, de sorte que a União não pode ser atingida por nenhum tributo dos Estados. Destaca, ainda, o art. 289 da mencionada Constituição, que, no caminho inverso, veda a tributação da propriedade e da renda dos Estados pela União. Torres (2011)[210] destaca uma série de Constituições que observam a imunidade recíproca, *in verbis*:[211]

---

[207] CARRAZZA, Roque Antônio. *Curso de direito constitucional tributário*: revista, ampliada e atualizada até a Emenda Constitucional n. 72/2013. São Paulo: Melhoramentos, 2013. p. 841-842.

[208] Expressão usada no contexto jurídico que significa "Executor de ordens". Normalmente utilizada em referência ao Oficial de Justiça – que é o executor das ordens judiciais.

[209] *Ibidem*, p. 97.

[210] TORRES, Heleno Taveira. *Direito Constitucional Positivo e Segurança Jurídica*: Metódica da Segurança Jurídica do Sistema Constitucional Tributário. São Paulo: Melhoramentos, 2011. p. 613-615.

[211] É uma expressão em latim usada no contexto jurídico que significa "nestes termos" ou "nestas palavras".

CAPÍTULO 5
DA IMUNIDADE TRIBUTÁRIA RECÍPROCA DOS BENS AFETADOS À CONCESSÃO DO SERVIÇO PÚBLICO DE ENERGIA ELÉTRICA | 109

> *A Lei Geral do Canadá também faz referência à imunidade recíproca, em seu artigo 125, ao prever que as terras públicas ou propriedades pertencentes ao Canadá ou a qualquer província não são passíveis de tributação. O art. 180 da Constituição da Venezuela dispõe, por sua vez, sobre a imunidade dos demais entes políticos à tributação municipal, ressalvando, todavia, que tal imunidade se estende apenas às pessoas jurídicas criadas pelos entes imunes.* Com relação ao direito fundamental de liberdade de culto, este está expresso no art. 19 da *Constituição chilena,* uma vez que, em sua última parte, *prevê que os templos e suas dependências "estaran exentos de toda clase de contribuiciones", com necessidade de que os templos se destinem exclusivamente à atividade de cultos.* A Constituição uruguaia prevê a imunidade em tela seguindo estrutura semelhante à utilizada pela Constituição chilena, uma vez que cuida da imunidade de templos de que qualquer culto no mesmo artigo que declara a liberdade religiosa. Acerca da imunidade em tela, vale notar que ela abrange *"toda clase de impuestos".* Importa, ainda, fazer referência ao art. 27 da Constituição da Índia. *Tal dispositivo diverge sensivelmente da imunidade de templos de qualquer culto previsto na Constituição brasileira de 1988, uma vez que, se por um lado este impede a tributação do patrimônio, rendas e serviços relacionados à atividade essencial dos templos, aquela dispõe que ninguém será compelido a pagar tributos para a promoção de qualquer religião específica.* A imunidade tributária aplicável às instituições de educação também persiste na Constituição do Peru. Segundo o art. 19, as instituições de educação estão imunes à tributação por todo imposto direto ou indireto que viesse a afetar seus vens, atividades e serviços próprios de sua finalidade educativa e cultural. É interessante observar que a Constituição do Peru – assim como a brasileira -, ainda em seu art. 19, dispõe os requisitos a serem atendidos pelas instituições de educação e centros culturais, para que estes gozem da imunidade em tela, os quais deverão ser estabelecidos pela legislação infraconstitucional. *O art. 19 da Constituição do Peru faz referência ainda à possibilidade de regimes de importação especial para os bens de entidades de educação e também dispõe que doações e bolsas de estudo com fins educativos poderão gozar de benefícios tributários na forma e limite fixados pela legislação infraconstitucional.* (TORRES, 2011, p. 613-615, grifos nossos)

Por fim, o autor destaca que a Constituição paraguaia, em seu art. 83, determina a intributabilidade de todos os objetos, publicações e atividades que possuam valor significativo para a difusão cultural e para a educação, revelando-se uma clara proteção à cultura e à educação.

5.2.2 Posição no direito comparado: a experiência de Portugal com o Imposto Municipal sobre Imóveis

Ao se analisar o direito comparado, especificamente sobre a tributação sobre a propriedade de bens imóveis afetados ao serviço público de energia elétrica, identificou-se como base de comparação o Direito Português, e o estudo do Imposto Municipal Sobre Imóveis (IMI).

Foi esclarecedor o entendimento firmado por meio do Ofício-Circulado nº 5194.9/91, de 28.11.1991, sobre prédios afetados à rede elétrica, na posse da Energias de Portugal (EDP), que transcrevemos:

Ofício-Circulado nº 5194.9/91, de 28/11/1991

Prédios Afectos à Rede Eléctrica, na Posse da Eletricidade de Portugal, E. P.

1ª Direcção de Serviços Contribuição Autárquica

Na sequência do ofício nº 2583.8/90, de 27 de Junho de 1990, comunico a V. Exª. que, por despacho de 91.10.22, foi superiormente sancionada, quanto aos prédios em epígrafe, a seguinte doutrina:

1. *os bens que integram a "rede eléctrica nacional" do Continente, são bens do domínio público na titularidade do Estado e dos Municípios,* conforme DL Nº 477/80, e nº 2 da Constituicao da República, *que constituem universalidades públicas administradas porém pela EDP,* ao abrigo do DL nº 506/76, de 30 de Junho e DL nº 344-B/82, de 1 de Setembro.

2. Enquanto bens do domínio público, *estão fora do comércio jurídico-privado, só sendo comerciáveis nos termos do direito público, pelo que não têm valor de troca, e portanto, valor económico, no mercado.*

3. *o conceito de patrimonialidade* consagrado no Código da Contribuição Autárquica *é o conceito administrativo e não o conceito económico ou financeiro,* decorrendo daí que os bens integrados na rede elétrica não são prédios e, nessa medida, estão objetivamente excluídos da tributação;

4. não sendo esses bens prédios, para efeito de Contribuição Autárquica, não há que dar execução a seu respeito, ao artigo 11º do D.L. nº 441-C/88, de 30 de Novembro, que aprovou o Código respectivo, pelo que estes imóveis não devem ser inscritos nas matrizes prediais, competindo, no entanto, à empresa supra como concessionária da rede eléctrica, provar quais os prédios que estão nessas condições.

Em princípio, estão nestas condições as estruturas referidas nos artigos 1º e 13º do DL nº 43335, de no de Novembro, por integrarem ou comporem o universo designado por "rede eléctrica nacional.

5. *Estando, portanto, excluídos da tributação os bens incluídos no cadastro dos bens do domínio público do Estado,* o que à EDP compete provar, só devem, por contraposição ao que se diz no número anterior, inscrever-se nas matrizes prediais respectivas os bens incluídos no património da empresa, comerciáveis nos termos do direito privado e nomeadamente os edifícios afectos à administração e serviços administrativos, os imóveis dados em arrendamento ao pessoal e em geral todos os edifícios e construções não expressamente reconhecidos como coisas públicas, designadamente prédios rústicos, terrenos urbanos e terrenos para

DA IMUNIDADE TRIBUTÁRIA RECÍPROCA DOS BENS AFETADOS À CONCESSÃO DO SERVIÇO PÚBLICO DE ENERGIA ELÉTRICA

construção, *incluindo aqueles em que estejam instalada as componentes da rede eléctrica nacional mas, que não estejam afectos a fins de utilidade pública.* 6. Independentemente das diligências que a EDP vier a realizar, vista à correta aplicação do que ficou interpretado, as repartições de finanças não ficam dispensadas de analisar, pelos meios ao seu alcance, todas as situações que se lhe vierem a deparar neste domínio, submetendo, quando isso se mostre verdadeiramente justificável, à consideração Superior, os casos cujos contornos se mostrem obscuros. 1ª Direcção de Serviços (NIP – Direcção de Serviços da Contribuição Autárquica), 28 de Novembro de 1991. O DIRECTOR DE SERVIÇOS. Carlos José Columbano Taveira. (ENERGIAS DE PORTUGAL, Ofício–Circulado nº 5194.9/91, de 28/11/1991, grifos nossos)

Cabe registrar que o Decreto nº 43.335[212] regula a execução da Lei nº 2.002, sobre a eletrificação em Portugal, estabelecendo as condições gerais de venda de energia elétrica em alta tensão.

Como observado na citação acima, no ordenamento jurídico português, os bens imóveis afetados ao serviço público de energia elétrica são bens do domínio público na titularidade do Estado e dos Municípios. Mesmo que administrados pela Energias de Portugal (EDP), concessionária de serviço público de energia elétrica portuguesa, são considerados como fora do comércio jurídico-privado, sem valor econômico no mercado, haja vista que, aos mesmos, é aplicável o regime do direito público.

Pelo exposto, em Portugal, os bens imóveis afetados ao serviço público de energia elétrica não são considerados prédios e são excluídos da tributação da propriedade.

Impende registrar que só devem inscrever-se nas matrizes prediais respectivas os bens incluídos no patrimônio da empresa, comerciáveis nos termos do direito privado, tais como prédios da administração e serviços administrativos, os imóveis dados em arrendamento ao pessoal e em geral todos os edifícios e construções não reconhecidos como coisas públicas, incluindo aqueles em que estejam instaladas as componentes da rede elétrica nacional, mas que não estejam afetados a fins de utilidade pública.

---

[212] ENERGIAS DE PORTUGAL, Ofício-Circulado nº 5194.9/91, de 28/11/1991. Disponível em: <https://www.cm-coimbra.pt/dmdocuments/dmat/doe/Legislacao%20Servidoes%20e%20 restricoes%2001-2011/6_infra-estruturas/6_1_rede_electrica/14-Decreto-lei_43335_1960. pdf>. Acesso em: 05 fev. 2015.

Em apertada síntese, no ordenamento jurídico lusitano, em sendo o imóvel afetado ao serviço público de energia elétrica, não se tributa a propriedade.

5.3 Da imunidade tributária recíproca dos bens afetados à concessão do serviço público de energia elétrica

À luz de todo o exposto, entendeu-se que as concessionárias de serviço público de energia elétrica, sejam sociedades de economia mista ou privadas, administram 3 tipos de bens: (1) bens que são do domínio público e que são transferidos para a gestão da concessionária, sem que com isso se tornem bens patrimoniais do privado; (2) bens que são adquiridos pela concessionária no curso da concessão ou para implementar o objeto concedido, mas que, por serem imprescindíveis ao serviço público, recebem um tratamento de bem público, pela qualidade de serem afetados à prestação de serviço; (3) bens privados da concessionária que integram o patrimônio desta e que, por não serem imprescindíveis ao serviço concedido, não são reversíveis e, portanto, são sujeitos ao regime exclusivamente privado, sem qualquer restrição decorrente do regime de bens públicos.

Sob a ótica da imunidade subjetiva, voltada para condição do suposto sujeito passivo, como os bens afetados ao serviço público de energia elétrica são de propriedade da concessão, pertencem ao poder concedente, logo à União, devem ser considerados imunes por força do art. 150, VI, "a", CR/88.[213]

Destaca-se que não se entendeu pela extensão da imunidade recíproca à sociedade de economia mista. O entendimento do presente estudo foi no sentido de que parte dos bens imóveis que as concessionárias administram, ditos afetados ou reversíveis, pertencem à concessão. Assim, são de propriedade da União, motivo pelo qual são imunes à tributação por impostos.

Por fim, é lícito concluir que as concessionárias do serviço público de energia elétrica, sejam sociedades de economia mista ou empresas privadas, somente deveriam ser tributadas pelo seu patrimônio particular, o que exclui os bens afetados ou reversíveis, pertencentes à União, como amplamente fundamentado.

---

[213] BRASIL, Constituição Federal de 1988, Art. 150 (Das Limitações do Poder de Tributar).

CAPÍTULO 5

5.4 Posição da doutrina

Fontoura (2010)[214] destaca que, para quem está familiarizado com o universo político-jurídico das teses tributárias, já é público e notório que isso ocorre em virtude da busca de receita pelos entes políticos, imbuídos do espírito arrecadatório, por vezes, ressuscitam temas que estariam sacramentados, com uma roupagem aparentemente nova, e assim acabam por despertar um dos grandes temores do Estado Democrático de Direito, qual seja, a insegurança jurídica. O autor lembra que o art. 151 do Decreto nº 24.643/34 (Código das Águas),[215] e mantido pelo Decreto-Lei nº 852/38,[216] dispõe que o concessionário dos serviços públicos de energia elétrica terá o direito de utilizar os terrenos de domínio público, estabelecendo servidões permanentes ou temporárias e implantando linhas de transmissão e distribuição. Adicionalmente, destaca que o Decreto nº 84.398/80, com a redação dada pelo Decreto nº 86.859/82, estabelece que a ocupação de espaços públicos na prestação de serviços públicos de energia elétrica seja precedida de autorização pelo órgão competente e sem ônus para os concessionários. E assevera que:

> Assim, *e exatamente pela determinação contida nesta lei, na relação entre ocupação de espaços públicos para a prestação de serviços de energia elétrica e as concessionárias deste referido serviço* deve ser indubitavelmente revestida da natureza de gratuidade. (FONTOURA, 2010, p. 288, grifos nossos)

Assim, conclui o autor que a legislação específica é bastante contundente ao vedar qualquer tipo de instituição de ônus às concessionárias de energia elétrica pela ocupação de espaços públicos, não havendo que se falar em contraprestação de qualquer natureza. Outro argumento utilizado pelo autor é que sendo a prestação de serviços públicos de energia elétrica de competência privativa da União, e a concessão pertence à União, no final, quem restará onerada pela cobrança pelo espaço público é a própria União, o que é inaceitável do ponto de vista de direito público. Assim, o autor conclui que instituir ônus sobre a prestação de serviços públicos essenciais é um ato que jamais deveria ocorrer, sob a ótica do direito público.

---

[214] FONTOURA, Rodrigo Brandão. A inconstitucionalidade da cobrança de taxa de ocupação sobre a rede de distribuição de energia elétrica. *In*: BORGES, Eduardo de Carvalho; LEME, Delvani (Coord.). *Tributação no Setor Elétrico*. São Paulo: Quartier Latin, 2010. p. 281-295.

[215] BRASIL, Decreto-Lei nº 24.643, de 10 de julho de 1934. Art. 151 do Código de Águas.

[216] BRASIL, Decreto-Lei nº 852, de 11 de novembro de 1938. Mantém, com modificações, o decreto n. 24.643, de 10 de julho de 1934 e dá outras providências.

No campo do Imposto sobre Propriedade Territorial Rural (ITR), importante foi a debate travado acerca da exigência fiscal de ITR sobre as áreas alagadas dos reservatórios para geração de energia elétrica. Carvalho (2001),[217] ao enfrentar a questão, emitiu parecer à Associação Brasileira de Grandes Empresas Geradoras de Energia (ABRAGE), para responder se incide o ITR sobre as áreas de reservatórios das usinas hidrelétricas, nos exatos termos que interpretava a Receita Federal, que entendia pela cobrança e emitiu diversas autuações fiscais para exação do referido tributo. Sua resposta ao questionamento foi a seguinte:

> Pergunta: *Incide o tributo ITR sobre as áreas de reservatórios das usinas hidrelétricas, nos exatos termos que interpreta a Receita Federal?*
>
> Resposta: *Incisivamente, não. Há impossibilidade semântica que tolhe a exigência da Receita Federal.* As porções de terra coberta pelas águas de reservatório das usinas hidrelétricas são bens de domínio público da União e nunca poderiam ser colhidas pelo critério material da hipótese de incidência de qualquer tributo, quanto mais ainda de imposto de competência privativa e exclusiva daquela mesma pessoa política de direito público interno.
>
> Consideração como essa já seria suficiente para fulminar, inapelavelmente, a pretensão impositiva do Poder Público Federal. Sobreleva, porém, *que a base de cálculo, grandeza fundamental para a consistência lógica da regra-matriz,* como ficariam, se porventura houvesse, as funções mensuradora, objetiva e comparativa dessa entidade, consoante expus no tópico "10" desta peça. (CARVALHO, 2001, p. 40-41, grifos nossos)

Paulsen (2014)[218] destaca que Derzi e Calmon[219] oferecem parecer sobre a incidência de impostos territoriais sobre as linhas férreas e os leitos ferroviários cedidos a concessionárias de serviço público federal. Analisam, em primeiro lugar, o instituto da delegação de serviços públicos, dizendo que esta implica a cessão de bens públicos de uso especial seguindo as regras de direito administrativo. No entanto, *o negócio jurídico não transfere a propriedade imobiliária à concessionária,* razão pela qual não há configuração do fato gerador de ITR e IPTU (manifestação do domínio de imóvel). Além disso, destaca o autor,

---

[217] CARVALHO, Paulo Barros. Parecer emitido para a ABRAGE sobre ITR sobre áreas alagadas. São Paulo, 2001.

[218] PAULSEN, Leandro. *Segurança Jurídica, Certeza do Direito e Tributação.* Porto Alegre: Livraria do Advogado, 2005. p. 319-320.

[219] DERZI, Misabel; CALMON, Sacha. Intributabilidade pelo IPTU e pelo ITR das vias férreas cedidas a empresas delegatárias de serviços públicos. *RDDT*, n. 42, mar. 1999.

os terrenos desapropriados para a passagem da linha férrea não transmitem o domínio à concessionária, mesmo havendo transcrição no registro de imóveis.

Gusmão (2010)[220] ressaltou que, se o poder concedente é o proprietário dos imóveis reversíveis, *decerto qualquer exigência relativa ao IPTU incidente sobre os aludidos bens é inconstitucional*. Para a autora, os Municípios não podem exigir o recolhimento do IPTU sobre os imóveis reversíveis quando estes forem bens públicos necessários ao desempenho de funções essenciais à implementação e operação dos serviços objeto de concessão. Além disso, se comprovada a propriedade de tais imóveis pelo Poder Concedente, será necessário respeitar-se o princípio constitucional da imunidade recíproca, o que tornará inconstitucional qualquer tentativa de cobrança do IPTU incidente sobre os aludidos imóveis, pelos Municípios.

Nesse sentido, Fernandes (2002)[221] destacou que não há fundamento constitucional para a incidência do IPTU sobre a infraestrutura dos serviços públicos. Por esse motivo, qualquer tentativa dos Municípios de pretender efetivar tal cobrança deverá ser afastada, por inconstitucional. Para o autor, os argumentos para a inconstitucionalidade dessa cobrança são dois: (1) a utilização dos espaços administrados pela Municipalidade pelo prestador do serviço público, seja ele quem for, tem a natureza jurídica de servidão administrativa; e esse instituto, embora seja direito real de uso, não se encontra entre as hipóteses de incidência do IPTU – propriedade, domínio útil ou posse; (2) ainda que se admita a servidão como hipótese de incidência do IPTU, no caso da prestação dos serviços públicos se verificará a imunidade recíproca, prevista no artigo 150, VI, "a" do texto Constitucional, que veda a tributação do patrimônio entre os Entes Federados; isso porque, sempre, haja concessão, permissão ou não, o titular do direito de servidão será sempre uma pessoa jurídica de direito público.

---

[220] GUSMÃO, Daniela. Incidência do IPTU em Imóveis de concessionárias de Serviços Públicos. *In*: PEIXOTO, Marcelo Magalhães (Coord.). *IPTU, Aspectos Jurídicos Relevantes*. Quartier Latin, 2002. p. 100.

[221] FERNANDES, Edison Carlos. Cobrança do IPTU sobre infra-estrutura dos Serviços Públicos. *In*: PEIXOTO, Marcelo Magalhães (Coord.). *IPTU, Aspectos Jurídicos Relevantes*. Quartier Latin, 2002. p. 122-123.

5.5 Posição da jurisprudência dos Tribunais Superiores e entendimento pacificado do CARF

Analisa-se, na sequência, o entendimento do Conselho Administrativo de Recursos Fiscais (CARF) acerca da cobrança de ITR sobre áreas alagadas dos reservatórios para geração de energia elétrica.

5.5.1 Entendimento do CARF sobre o ITR nas áreas alagadas dos reservatórios das usinas hidroelétricas

À luz de entendimentos como o de Carvalho (2001),[222] mencionado anteriormente, e embasados pelas decisões reiteradas por intermédio dos acórdãos paradigmas,[223] o CARF, por meio da Súmula nº 45, pacificou o entendimento de que não incide o Imposto sobre a Propriedade Territorial Rural sobre áreas alagadas para fins de constituição de reservatório de usinas hidroelétricas.

Cabe esclarecer que, apesar de a referida Súmula não ser vinculante, na prática, as decisões recentes envolvendo a matéria[224] são fundamentadas na mencionada súmula, senão vejamos:

> Ementa Assunto: Imposto sobre a Propriedade Territorial Rural - ITR Exercício: 2009 [...] *ITR. RESERVATÓRIO DE USINAS HIDROELÉ-TRICAS. ÁREA ALAGADA. NÃO INCIDÊNCIA. O Imposto sobre a Propriedade Territorial Rural não incide sobre áreas alagadas para fins de constituição de reservatório de usinas hidroelétricas. (Súmula CARF nº 45).* (CARF, 2014)

Tal entendimento também foi utilizado para fundamentar a decisão no Acórdão nº 2102003.231, ao julgar o Recurso Voluntário de Furnas Centrais Elétricas S.A., em sessão de 20 de janeiro de 2015.

Por todo o exposto, a questão envolvendo a não incidência de ITR sobre áreas alagadas dos reservatórios das usinas hidroelétricas

---

[222] CARVALHO, Paulo Barros. Parecer emitido para a ABRAGE sobre ITR sobre áreas alagadas. São Paulo, 2001, p. 30.

[223] Acórdão nº 301-33691, de 28.02.2007; Acórdão nº 301-34105, de 17.10.2007; Acórdão nº 302-39932, de 12.11.2008; Acórdão nº 302-38594, de 25.04.2007; Acórdão nº 303-35854, de 10.12.2008.

[224] CARF. Conselho Administrativo de Recursos Fiscais. *Jurisprudência CARF*. Acórdão nº 2201-002.476, sessão de 12 de agosto de 2014. Disponível em: <http://carf.fazenda.gov. br/sincon/public/pages/ConsultarJurisprudencia/listaJurisprudenciaCarf.jsf>. Acesso em: 03 de mar. 2015.

CAPÍTULO 5

está pacificada e vem sendo decidida, pelo CARF, nos termos da mencionada Súmula nº 45.

5.5.2 Análise crítica de julgados do Superior Tribunal de Justiça (STJ)

Pesquisando-se a Jurisprudência do STJ[225] pelos termos "imunidade recíproca IPTU", buscando as decisões no período de 1º.01.2013 até 13.04.2015, obtém-se uma relação de 15 acórdãos,[226] que se analisa na sequência.

Os acórdãos REsp nº 1360819/RJ e AgRg no REsp nº 1336711/RJ, por versarem sobre a imunidade recíproca incondicionada de que goza a União, que é parte nos autos, não foram objeto de nossa análise. Assim, concentrou-se na discussão envolvendo a imunidade recíproca de bens afetados à concessão do serviço público de energia elétrica.

Acerca da imunidade recíproca e do *animus domini*[227] das concessionárias de serviço público, por intermédio de Acórdão do Recurso Especial nº 1.096.229 – SP, da Relatoria do então Ministro Luiz Fux,[228] julgado em 22 de setembro de 2010, o STJ proferiu entendimento de que é pacífico naquele Tribunal Superior que as concessionárias de serviços públicos, quando possuidoras diretas de determinado bem sem *animus domini*,[229] não são responsáveis pelo pagamento de IPTU. Isso porque, nos termos do art. 34 do CTN, o sujeito passivo de tal exação é, em princípio, o proprietário do imóvel, salvo nos casos em que a

---

[225] BRASIL, Superior Tribunal de Justiça. Disponível em: <http://www.stj.jus.br/SCON>. Acesso em: 13 de abr. 2015.

[226] AgRg no AREsp nº 303973/MG, julgado em 23.10.2014 e *DJe* 03.11.2014; AgRg no REsp nº 1273698/MG, j. 07.08.2014 e *DJe* 15.08.2014; AgRg no AREsp nº 452349/MG, j. 20.05.2014, *DJe* 20.06.2014; AgRg no Ag nº 1232452/MG, j 19.09.2013 e *DJe* 27.09.2013; AgRg no AREsp nº 70675/MG, j. 17.09.2013 e *DJe* 26.09.2013; EDcl no AgRg no AREsp nº 301488/MG, j. 17.09.2013 e *DJe* 07.10.2013; AgRg no AREsp nº 301488/MG, j. 20.08.2013 e *DJe* 30.08.2013; AgRg no AREsp nº 304.720, j. 20.06.2013 e *DJe* 28.06.2013; AgRg no REsp nº 1381657/MG, j. 11.06.2013 e *DJe* 18.06.2013; AgRg no REsp nº 1236614/MG, j. 28.05.2013 e *DJe* 04.06.2013; AgRg no REsp nº 1363112/MG, j. 14.05.2013 e *DJe* 22.05.2013; AgRg no REsp nº 1296564/MG, j. 16.04.2013 e *DJe* 19.04.2013; AgRg no AREsp nº 276876/MG, j. 26.02.2013 e *DJe* 05.03.2013; REsp nº 1360819/RJ, j. 19.02.2013 e *DJe* 07.03.2013; AgRg no REsp nº 1336711/RJ, j. 05.02.2013 e *DJe* 08.02.2013.

[227] É uma expressão em latim que significa a intenção de agir como dono. A expressão é muito utilizada no campo jurídico para indicar a intenção de possuir, de ser dono. "Posse *animus domini*" traduz-se como "intenção de obter o domínio da coisa".

[228] BRASIL, Superior Tribunal de Justiça. Ministro Luiz Fux, Jurisprudência do STJ, Brasília, DF, em 22 set. 2010.

[229] *Ibidem*, p. 105.

identificação do mesmo é impossível – quando, só então, é possível chamar os possuidores a arcar com o ônus tributário. Dessa forma e sendo a proprietário do imóvel a União, tem-se caso de imunidade recíproca, na forma do art. 150, inc. VI, alínea "a", CR/88.

Contudo, com o tempo esse entendimento, no âmbito do STJ, passou a encontrar óbice no art. 150, §3º, da CR/88, senão vejamos:

EMENTA

PROCESSUAL CIVIL. AGRAVO REGIMENTAL NO AGRAVO EM RECURSO ESPECIAL. SUPOSTA OFENSA AO ART. 535 DO CPC. INEXISTÊNCIA DE VÍCIO NO ACÓRDÃO RECORRIDO. TRIBUTÁRIO. IPTU. IMUNIDADE RECÍPROCA. CONCESSIONÁRIA DE SERVIÇO PÚBLICO. QUESTÃO CONTROVERTIDA FUNDADA NO ART. 150, §3º, DA CF/88. ENFOQUE CONSTITUCIONAL DA MATÉRIA.

1. Não havendo no acórdão recorrido omissão, obscuridade ou contradição, não fica caracterizada ofensa ao art. 535 do CPC.

2. *A questão controvertida funda-se na aplicação (ou não) do disposto no art. 150, §3º, da Constituição Federal à ora recorrente, sendo que tal preceito obsta a incidência da imunidade recíproca, no que se refere ao patrimônio, à renda e aos serviços, relacionados com exploração de atividades econômicas regidas pelas normas aplicáveis a empreendimentos privados, ou em que haja contraprestação ou pagamento de preços ou tarifas pelo usuário* (entendendo o Tribunal de origem pela aplicação da segunda parte). Assim, eventual ofensa, caso existente, ocorre no plano constitucional, motivo pelo qual é inviável a rediscussão do tema pela via especial. Ressalte-se que não compete ao Superior Tribunal de Justiça, em sede de recurso especial, analisar eventual contrariedade a preceito contido na CF/88, nem tampouco uniformizar a interpretação de matéria constitucional. 3. Agravo regimental não provido. (AgRg no Agravo em Recurso Especial nº 276.876/MG, j. 26.02.2013, *DJe* 05.03.2013, grifos nossos)

Trata-se de agravo regimental interposto por CEMIG Geração e Transmissão S/A em face de decisão monocrática, da Relatoria do Ministro Mauro Campbell Marques,[230] que, segundo a agravante, não foi considerada na decisão agravada a circunstância da posse direta do bem imóvel sem *animus domini*.[231] Cabe destacar o seguinte trecho do voto Relator, *in verbis*:[232]

---

[230] BRASIL, Superior Tribunal de Justiça. Ministro Mauro Campbell Marques, Jurisprudência do STJ, Brasília, DF, em 05 mar. 2013.

[231] *Ibidem*, p. 105.

[232] É uma expressão em latim usada no contexto jurídico que significa "nestes termos" ou "nestas palavras".

CAPÍTULO 5

119

No entanto, *a Corte de origem pronunciou-se expressamente sobre a matéria posta nos autos,* considerando que (e-STJ fls. 466/467):

Inicialmente, *registro a impossibilidade de que a prerrogativa da imunidade intergovernamental recíproca prevista no art. 150, inc. VI, 'a', da CF, e de interpretação restritiva, que, consoante a regra constitucional, recai apenas sobre as pessoas jurídicas de direito público (caput e §2º do art. 150 da CF), seja estendida à apelante, sociedade de economia mista que explora atividade econômica delegada pelo Poder Público,* com "sujeição a regime jurídico próprio das empresas privadas, inclusive quanto aos direitos e obrigações civis, comerciais, trabalhistas e tributárias" (art. 173, §1º, II, da CF), *para efeito de afastar a cobrança do IPTU.*

Acrescente-se que, *o simples fato de se tratar de prestadora de serviço delegado não torna a regra da imunidade recíproca extensível à apelante, mesmo porque o serviço é prestado pela CEMIG a título oneroso e há regra constitucional clara de exceção, como previsto no §3º do art. 150 da CF, que proíbe a imunidade recíproca "ao patrimônio, à renda e aos serviços, relacionados com exploração de atividades econômicas regidas pelas normas aplicáveis a empreendimentos privados, ou em que haja contraprestação ou pagamento de preços ou tarifas pelo usuário".*

Como se verifica, *o Tribunal de origem, de modo fundamentado, tratou das questões suscitadas, resolvendo de modo integral a controvérsia posta.* (AgRg no Agravo em Recurso Especial nº 276.876/MG, j. 26.02.2013, *DJe* 05.03.2013, *grifos nossos*)

Como se denota na leitura do texto acima, o STJ, cujo entendimento era no sentido de que as concessionárias de serviços públicos, quando possuidoras diretas de determinado bem sem *animus domini*,[233] não são responsáveis pelo pagamento de IPTU, limitou-se a afirmar que tribunal de origem negou a imunidade recíproca da agravante, embasado em fundamento constitucional, e que não competia ao STJ, em Recurso Especial, analisar eventual contrariedade a preceito constitucional contido na CR/88, tampouco uniformizar interpretação constitucional. Esse entendimento foi utilizado, ainda, nos acórdãos AgRg no REsp nº 1296564/MG, julgado em 16.04.2013, *DJe* 19.04.2013, AgRg no Recurso Especial nº 1.363.112/MG, julgado em 14.05.2013, *DJe* 22.05.2013, AgRg no REsp nº 1236614/MG, julgado em 28.05.2013, *DJe* 04.06.2013, AgRg no REsp nº 1381657/MG, julgado em 11.06.2013, *DJe* 18.06.2013, AgRg no AREsp nº 304.720, julgado em 20.06.2013, *Dje* 28.06.2013, AgRg no AREsp nº 301.488, julgado em 20.08.2013, *Dje* 30.08.2013, AgRg no AREsp nº 301488/MG, julgado em 20.08.2013, *DJe* 30.08.2013,

---

[233] *Ibidem*, p. 105.

EDcl no AgRg no AREsp nº 301488/MG, julgado em 17.09.2013, *DJe* 07.10.2013, AgRg no AREsp nº 70675/MG, julgado em 17.09.2013, *DJe* 26.09.2013, AgRg no Ag nº 1232452/MG, julgado em 19.09.2013, *DJe* 27.09.2013, AgRg no REsp nº 1273698/MG, julgado em 07.08.2014, *DJe* 15.08.2014, e AgRg no AREsp nº 303973/MG, julgado em 23.10.2014, *DJe* 03.11.2014.

Aqui cabe a primeira crítica ao entendimento prolatado acima. Ao afirmar que a imunidade recíproca recai apenas sobre as pessoas jurídicas de direito público, o STJ desconsidera que o proprietário do bem, alvo da tributação, é o poder concedente, logo, a União.

Também não foi realizada a distinção entre os diversos bens que a concessionária de serviço público explora, no exercício da concessão, de sorte que não foram segregados os bens afetados ao serviço público de energia elétrica, dos bens particulares da concessionária, conforme se detalha no Capítulo 3 deste trabalho.

Registra-se, ainda, que, em seu voto, o eminente Ministro Relator afirma que não foi aplicada a tese da posse precária imóvel sem *animus domini*,[234] pois o tribunal de origem afirmou que o bem sobre o qual recai a cobrança do IPTU é de propriedade da concessionária. Nesse sentido, destacamos o voto, AgRg no Recurso Especial nº 1.363.112/MG, de relatoria do Ministro Herman Benjamin,[235] *in verbis*:[236]

> Relativamente à propriedade, o Superior Tribunal de Justiça entende que somente é inexigível o IPTU de cessionária de imóvel pertencente à União, quando esta detém a posse mediante relação pessoal, sem *animus domini*, consoante se pode aferir dos seguintes julgados: AgRg no REsp 1.121.332/RJ, Rel. Ministro Humberto Martins, Segunda Turma, julgado em 20/10/2009, DJe 29/10/2009; AgRg no REsp 885.353/RJ, Rel. Ministro Mauro Campbell Marques, Segunda Turma, julgado em 23/6/2009, DJe 6/8/2009; AgRg no Ag 1.129.472/SP, Rel. Ministra Denise Arruda, Primeira Turma, julgado em 4/6/2009, DJe 1/7/2009; AgRg no Ag 878.938/RJ, Rel; Min. José Delgado, Primeira Turma, DJ 18.10.2007; REsp 696.888/RJ, Rel. Min. Castro Meira, Segunda Turma, DJ 16/5/2005; REsp 325.489/SP, Rel. Min. Eliana Calmon, Segunda Turma, DJ 24/2/2003.
>
> Na espécie em análise, *o acórdão concluiu que o bem imóvel utilizado pela Cemig, na execução do serviço de fornecimento de energia elétrica*, está

---

[234] *Ibidem*, p. 105.

[235] BRASIL, Superior Tribunal de Justiça. Ministro Herman Benjamin, Jurisprudência do STJ, Brasília, DF, em 22 maio 2013.

[236] É uma expressão em latim usada no contexto jurídico que significa "nestes termos" ou "nestas palavras".

registrado em seu nome e não era de propriedade de qualquer pessoa jurídica de direito público. (AgRg no Recurso Especial nº 1.363.112/MG, j. 14.05.2013, *DJe* 22.05.2013, grifos nossos)

Além da ampla fundamentação já apresentada, cabem algumas reflexões acerca do trecho destacado. *Em nome de qual pessoa jurídica de direito público deveria ser registrado um imóvel afetado ao serviço público de energia elétrica, uma subestação, por exemplo, para que seja considerada a imunidade recíproca dos inúmeros imóveis afetados à concessão? Acaso, para tal intuito, todas as subestações e linhas de transmissão do Brasil deveriam ter seus registros imobiliários em nome da União?* Qualquer uma das exigências se revela afastada da realidade do Direito Regulatório, e desconsidera que o serviço público de energia elétrica é prestado pela União, indiretamente, mediante concessão.

O que dizer dos ativos, tais como subestações e linhas de transmissão, bem como o terreno onde estão instalados, transferidos no ato do contrato de concessão? Acaso se tornam propriedade da concessionária? Evidentemente que não, apenas são administrados pelas concessionárias para a realização indireta da prestação do serviço público de energia elétrica.

Acerca da afetação do bem, conforme detalhado no tópico específico, à luz da fundamentação já apresentada, sendo o imóvel afetado ao serviço público de energia elétrica, não deveria ser tributado pelo IPTU, mesmo que o imóvel esteja registrado em nome da concessionária, pois esta não preenche os requisitos do CC/2002, art. 1.228, *caput.* *Afinal, se o imóvel está em nome da concessionária, e ali existe uma subestação abaixadora de energia elétrica, sendo, portanto, afetado ao serviço público de energia elétrica, acaso poderia a concessionária desativar a subestação, desligar todos os clientes do circuito, e vender o imóvel sobre o qual se exige o IPTU?* A resposta é simples, pois, *a concessionária não poderia fazê-lo,* nem no momento presente, em que é possível identificar a afetação do imóvel ao serviço público de energia elétrica, nem no momento futuro, quando ocorrer a reversão do bem ao poder concedente. A concessionária não poderá dar outra destinação ao imóvel afetado ao serviço público de energia elétrica que não seja a aplicação do ativo ao serviço público mencionado. Não poderá nem mesmo reaver o imóvel ao final da concessão, logo, não é proprietária do imóvel como informado no julgamento.

Tal conclusão está pautada na definição de propriedade do Direito Civil e nos princípios de Direito Regulatório, e por limitação da própria agência reguladora, qual seja, ANEEL, observando a continuidade, modicidade, entre outros princípios dos serviços públicos. Ademais, analisando a regra matriz do IPTU, para a composição da base de cálculo, entende-se que está o bem imóvel fora do comércio, é impossível a aplicação da regra matriz de IPTU por inexistência de valor venal.

Por todo o exposto, entende-se que a imunidade recíproca não é da concessionária, mas da União, proprietária dos bens afetados ao serviço público de energia elétrica. Assim, *somente poderiam ser tributados pelo IPTU os bens imóveis da própria concessionária*, tal como os imóveis onde se localizem agências de atendimento, sede administrativa, almoxarifados, entre outros bens imóveis não afetados ao serviço público de energia elétrica.

Como a questão central acerca da tributação do IPTU sobre linhas de transmissão e subestações envolve a temática dos bens afetados/reversíveis e da imunidade recíproca objetiva, entendeu-se que, primeiramente, deva ser enfrentada a questão regulatória da afetação do imóvel ao serviço público de energia elétrica, e sua consequente reversibilidade dos bens ao poder concedente, e, identificando-se a propriedade do bem pela União, para, posteriormente, enfrentarmos a questão tributária, identificando ou não a aplicabilidade da imunidade recíproca. Analisar a questão na ordem inversa poderá levar o julgador a incorrer em grave equívoco, sobretudo, se centrar sua análise na questão da extensão ou não da imunidade recíproca à sociedade de economia mista.

Nesse sentido, o voto do Ministro Humberto Martins, no acórdão AgRg no Agravo em Recurso Especial nº 304.720, menciona a decisão do tribunal *a quo*, no qual fica claro que primeiro se avaliou a condição do suposto sujeito passivo, para, posteriormente, avaliar a questão regulatória que envolve a afetação/reversibilidade do bem, senão vejamos:

> Diante do contexto recursal, concluiu a Corte a quo pela exigibilidade do tributo, visto que a imunidade tributária não pode ser estendida às sociedades de economia mista que recebem contraprestação pecuniária e cujo bem é de sua propriedade. É o que se infere dos seguintes excertos do voto condutor do acórdão recorrido:
>
> Lado outro, a apelante, ainda, alega que a CDA que embasa a execução em apenso, teria indicado de forma equivocada o seu nome como devedora do imposto, eis que, ocupa o imóvel apenas a titulo precário, já que o mesmo será revertido ao patrimônio da União, no término da concessão. Contudo, tendo em vista que a preliminar suscitada se confunde com o próprio mérito da causa, deixo pra analisá-la, mais adiante, em momento oportuno.

MÉRITO

Como visto, *o cerne da questão posta em julgamento cinge-se à possibilidade de se estender a imunidade prevista no art. 150, VI, 'a' da Constituição da República para obstar a tributação dos imóveis de propriedade da sociedade de economia mista, Cemig, concessionária de serviço público,* considerando, para tanto, o instituto da reversão de que trata a Lei n. 8.987/95.

[...] Por óbvio, *ainda que a recorrente tivesse realizado a prova de que os terrenos tributados estão edificados com a subestação noticiada, não seria automático o afastamento da incidência tributária,* pois o imposto incide é sobre o domínio. Ademais, *dependeria da prova de que os imóveis são reversíveis à União e a tornam mera detentora dos mesmos,* conforme contrato de concessão, o qual não foi apresentado.

[...] Ora, os dispositivos citados deixam claro que *o instituto da reversão não é regra dos contratos de concessão* e depende de previsão no edital e no pacto. Ainda assim, quando presente, dá-se mediante indenização a ser paga pelo poder concedente na proporção do investimento realizado, conforme art. 62 do Código de Águas (Decreto nº. 41.019/57).[237]

[...] Vê-se, pois, na verdade, que a questão não foi decidida conforme objetivava a recorrente, uma vez que foi aplicado entendimento diverso. Contudo, entendimento contrário ao interesse da parte não se confunde com omissão. (AgRg no AREsp nº 304.720, julgado em 20.06.2013, *Dje* 28.06.2013, grifos nossos)

Veja-se que o tribunal *a quo* optou por iniciar a análise pela discussão tributária, além de indicar que a discussão regulatória abarcaria a questão da reversão, quando, na verdade, deveria discutir a afetação. São institutos bem diferentes, conforme já detalhado. Nota-se um equívoco da defesa, que não apresentou cópia do contrato de concessão, em que pese este ser um documento público, disponível no sítio da ANEEL.

O que estava em discussão era se, no caso concreto, seria aplicável o artigo da imunidade recíproca prevista no art. 150, VI, "a", ou o disposto no art. 150, §3º, segundo o qual a imunidade recíproca não se aplica ao patrimônio, à renda e aos serviços, relacionados com exploração de atividades econômicas regidas pelas normas aplicáveis a empreendimentos privados, ou em que haja contraprestação ou pagamento de preços ou tarifas pelo usuário, nem exonera o promitente comprador da obrigação de pagar imposto relativamente ao bem imóvel. O relator optou pela segunda hipótese, associando-a com o

---

[237] BRASIL, Decreto nº 41.019 de 26 de fevereiro de 1957. Art. 142. Regulamenta os serviços de energia elétrica.

art. 173, 2º, CR/88, segundo o qual as empresas públicas e as sociedades de economia mista não poderão gozar de privilégios fiscais não extensivos às do setor privado.

Ora, estamos diante de um claro equívoco do ponto de vista de interpretação constitucional, bem como proteção da concorrência, objetivo do mencionado dispositivo legal, pois ao reconhecer a imunidade tributária de bens afetados à concessão, quando a Concessionária é uma sociedade de economia mista, não há que se falar em privilégios para estas, pois a imunidade recíproca é da União, proprietária do bem afetado à concessão, e não da concessionária. Assim, todos os *players*[238] do mercado que prestam serviço utilizando deste tipo de ativo, sejam eles sociedades de economia mista ou agentes privados, deixarão de ser indevidamente tributados pelo IPTU sobre estes ativos, de sorte que não há que se falar em privilégio para a concessionária sociedade de economia mista, ou seja, não ocorre a violação ao preceito constitucional do art. 173, 2º, CR/88.

E, posteriormente, ao analisar a reversibilidade do bem, mesmo após mencionar os arts. 23, X, e 35,§1º, da Lei nº 8.987/95,[239] o relator destaca no seu voto que os dispositivos citados "deixam claro que o instituto da reversão não é regra dos contratos de concessão e depende de previsão no edital e no pacto". A questão de afirmar que o imóvel seria uma subestação e que o instituto da reversão não seria uma regra para o caso, causa estranheza acerca do raciocínio jurídico desenvolvido. Afinal, indubitavelmente, subestação é bem afetado, e todos os bens afetados são revertidos ao final da concessão.

Destaca-se, ainda, que, no caso de concessão de serviço público de energia elétrica, o instituto da reversão não é uma faculdade, como induz a decisão do tribunal *a quo*,[240] por princípio de Direito Regulatório, e sobretudo pela decorrência do princípio da continuidade, a reversão dos bens afetados é regra no setor elétrico.

Como se analisa um imóvel, em cuja área existe uma subestação de energia elétrica, e sua construção envolve um grande investimento e uma logística operativa específica para o sistema elétrico no qual está inserida, ao final da concessão, mesmo que a concessionária deseje, não teria utilidade para esta, sem que detenha o contrato de concessão para

---

[238] É uma expressão inglesa que significa "jogador".

[239] *Ibidem*, p. 60.

[240] É uma expressão latina que significa "de onde veio, de onde teve origem". É usada na linguagem jurídica, para referir o tribunal hierarquicamente inferior donde provém um recurso.

a região atendida eletricamente pela subestação. Também não seria razoável que o novo concessionário construísse uma nova subestação (ao lado ou próximo da antiga subestação), pelo fato de esta "pertencer" à concessionária anterior.

A ocorrer tal fato, que se admite tão somente por amor ao debate, para esclarecer que representaria uma ineficiência e desperdício de recursos públicos, riscos operacionais de fornecimento até a conclusão da obra, além de resultar num aumento do valor da tarifa, uma vez que o valor deste novo ativo certamente seria repassado para a tarifa a ser paga pelos usuários dos serviços públicos. Restariam, assim, violados os princípios da economicidade, continuidade, modicidade tarifária, entre outros.

Assim, tem-se, por razões práticas e regulatórias, que subestações das concessões são bens reversíveis por excelência, não sendo cabível a dúvida suscitada pelo tribunal *a quo* acerca da não reversibilidade do ativo em discussão.

Ao analisar Agravo Regimental interposto pela CEMIG Distribuição S.A., em adversidade à decisão que negou provimento ao seu Agravo em Recurso Especial nº 301.488/MG, o acórdão da relatoria do Ministro Napoleão Nunes Maia Filho restou assim ementado:

AGRAVO REGIMENTAL NO AGRAVO EM RECURSO ESPECIAL. TRIBUTÁRIO. IPTU. CONCESSIONÁRIA DE SERVIÇO PÚBLICO. IMUNIDADE RECÍPROCA. MATÉRIA CONSTITUCIONAL. DISCUSSÃO INVIÁVEL NA INSTÂNCIA ESPECIAL. ARTS. 32 E 34 DO CTN. SÚMULA 7/STJ. AGRAVO REGIMENTAL DA CEMIG DISTRIBUIÇÃO S/A DESPROVIDO.

1. O acórdão recorrido decidiu a controvérsia com base em fundamento de índole eminentemente constitucional, a partir da interpretação dos arts. 150, VI, a, 170, 173, §1o., I e II, e 175 da CF da Constituição.

2. Inviável o exame da questão no âmbito do Recurso Especial, sob pena de invadir competência do Supremo Tribunal Federal, nos termos do art. 102 da Constituição Federal.

3. No que diz respeito aos arts. 32 e 34 do CTN, que disciplinam as hipóteses de incidência e a sujeição passiva do tributo, *a jurisprudência desta Corte Superior é no sentido de que somente é inexigível o IPTU da cessionária de imóvel pertencente à União, quando esta detém a posse mediante relação pessoal, sem animus domini.*

4. *No caso, concluiu-se que o bem imóvel utilizado pela CEMIG na execução do serviço de fornecimento de energia elétrica está registrado em seu nome e não era de propriedade de qualquer pessoa jurídica de direito público,* além de poder ser onerado, conforme a disposição do art. 242 da Lei das Sociedades Anônimas

5. Agravo Regimental da CEMIG Distribuição S/A desprovido. (AgRg no AREsp nº 301488/MG, julgado em 20.08.2013, *DJe* 30.08.2013, grifos nossos)

Destaca-se que a informação de que o bem afetado, bem imóvel da concessão, e utilizado pela concessionária na execução do serviço de fornecimento de energia elétrica pode ser onerado *não procede, por dois motivos*. Primeiro é o fato de que, como fundamentado anteriormente, os bens afetados não podem ser alienados por limitação do poder concedente. O segundo motivo é que o dispositivo legal mencionado, qual seja, art. 242 da Lei das Sociedades Anônimas, que fundamentaria a decisão, foi revogado em 2001, pela Lei nº 10.303,[241] senão vejamos:

> Objeto
>
> Art. 237. A companhia de economia mista somente poderá explorar os empreendimentos ou exercer as atividades previstas na lei que autorizou a sua constituição.
>
> §1º A companhia de economia mista somente poderá participar de outras sociedades quando autorizada por lei no exercício de opção legal para aplicar Imposto sobre a Renda ou investimentos para o desenvolvimento regional ou setorial.
>
> §2º As instituições financeiras de economia mista poderão participar de outras sociedades, observadas as normas estabelecidas pelo Banco Central do Brasil.
>
> [...] Conselho Fiscal
>
> Art. 240. O funcionamento do conselho fiscal será permanente nas companhias de economia mista; um dos seus membros, e respectivo suplente, será eleito pelas ações ordinárias minoritárias e outro pelas ações preferenciais, se houver.
>
> Correção Monetária
>
> Art. 241. (Revogado pelo Decreto-lei nº 2.287, de 1986)
>
> Falência e Responsabilidade Subsidiária
>
> Art. 242. (Revogado pela Lei nº 10.303, de 2001). (Lei nº 6.404/1976, 15 de dezembro de 1976, grifos nossos)

Essa fundamentação inconsistente também foi apresentada no EDcl no AgRg no AREsp nº 301488/MG, julgado em 17.09.2013, *DJe* 07.10.2013, e no AgRg no AREsp nº 70675/MG, julgado em 17.09.2013, *DJe* 26.09.2013.

---

[241] BRASIL, Lei nº 10.303, de 31 de outubro de 2001. Altera e acrescenta dispositivos na Lei nº 6.404, de 15 de dezembro de 1976, que dispõe sobre as Sociedades por Ações.

Por fim, destaca-se que o último julgado no STJ envolvendo a matéria foi o AgRg no AREsp nº 303973/MG, julgado em 23.10.2014, e que não trouxe nenhum novo fundamento jurídico para o tema, ou seja, está alinhado com as demais decisões mencionadas anteriormente. Posto isso, dedica-se ao estudo da jurisprudência do STF sobre a matéria.

5.5.3 Análise crítica de julgados do STF

Preliminarmente, insta registrar o posicionamento da doutrina especializada sobre o julgamento do STF. Nesse sentido, Paulsen (2014)[242] destaca que o Ministro Joaquim Barbosa observou que, em diversos precedentes, o STF reiterara 3 funções que condicionariam o alcance da imunidade tributária recíproca: (1) operar como salvaguarda do pacto federativo, para evitar que a tributação funcione como instrumento de coerção ou indução de um ente sobre o outro; (2) proteger atividade desprovida de capacidade contributiva, isto é, atividades públicas em sentido estrito, executadas sem ânimo lucrativo; e (3) não beneficiar a expressão econômica de interesses particulares, sejam eles públicos ou privados, nem afetar intensamente a livre iniciativa e a livre concorrência, excetuadas as permissões constitucionais (RE-601392) (Informativo nº 648 do STF, 2011).[243]

Paulsen (2014)[244] destaca que, em regra, a imunidade não alcança empresas públicas e sociedades de economia mista. Estando estas excluídas da imunidade, não sendo beneficiadas, *salvo* quando prestadoras de serviço público em regime de monopólio.

No STF, a matéria de fundo envolvendo a imunidade recíproca também já foi objeto de análise recente. Godoi (2011)[245] destaca que, nos últimos anos, a jurisprudência do STF se consolidou no sentido de que a imunidade recíproca tem aplicação quando se trata da prestação de serviço público (seja por autarquia, por empresa pública ou por sociedade de economia mista) derivada de delegação legislativa, mesmo que se tenha a cobrança de tarifa ou outra forma de contraprestação dos usuários dos serviços.

---

[242] PAULSEN, Leandro; MELO. *Impostos Federais, Estaduais e Municipais*. 9. ed. 2014, p. 244.

[243] BRASILIA, Informativo nº 648 do STF, 2011. Disponível em: <http://www.investidura. com.br/jurisprudencia/informativos/stf/211904-informativo-no-648-do-stf>. Acesso em: 13 maio 2015.

[244] *Ibidem*, p. 114.

[245] GODOI, Marciano Seabra de. *Crítica à Jurisprudência Atual do STF em Matéria Tributária*. São Paulo: Dialética, 2011. p. 35.

Para Godoi (2011), no julgamento de diversas ações movidas contra os Estados pela ECT tendo por objeto o IPVA, formaram-se 3 correntes. (1) Corrente Minoritária considerou que a imunidade não se aplicava à ECT, nos termos da literalidade do art. 173, §2º, CR/88; (2) Corrente Majoritária manteve o entendimento da Segunda Turma (RE nº 407.099, Relator Ministro Carlos Velloso, DJ 06.08.2004) e do acórdão do RE nº 229.696, no sentido de que a ECT não realiza exploração econômica, e sim presta serviço público explorado diretamente pela União, mediante uma instrumentalidade sua, sendo por isso aplicável a imunidade recíproca; (3) Corrente orientada pelo Ministro Joaquim Barbosa entendeu que o pleito da ECT devia ser julgado parcialmente procedente, aplicando-se a imunidade recíproca somente em relação aos bens, serviços relacionados com as atividades que constituem serviço público exclusivo da União (serviço postal e correio aéreo nacional), mas não às demais atividades exercidas pela ECT em regime de concorrência.

Efetuados estes importantes registros, passemos à análise da jurisprudência do STF acerca da matéria, não sem antes corroborar com o entendimento do Ministro Marco Aurélio,[246] que ao se manifestar-se pela repercussão geral, no Recurso Extraordinário nº 600.867/SP, afirma que "é aparentemente inesgotável a variação dos quadros fáticos-jurídicos relativos à imunidade tributária recíproca."

Foram utilizados dois critérios para seleção da amostra a ser analisada, sendo: (1) temas com repercussão geral reconhecida e que se relacionem com a matéria *imunidade recíproca de bens imóveis afetados à concessão de serviço público*; e (2) análise das decisões do STF no período de 1º.01.2013 a 15.04.2015, com a mesma relação temática. A síntese deste estudo será detalhada na sequência.

A pesquisa realizada no sítio do STF, sobre temas com repercussão geral, envolvendo imunidade recíproca[247] de bens imóveis afetados à concessão de serviço público, identificou os seguintes temas: (1) 235 - Imunidade tributária das atividades exercidas pela Empresa Brasileira de Correios e Telégrafos (ECT); (2) 385 - Reconhecimento de imunidade tributária recíproca a sociedade de economia mista

---

[246] BRASIL, Superior Tribunal Federal. Ministro Marco Aurélio, Jurisprudência do STF, Brasília, DF, em 05 set. 2014.

[247] BRASILIA, Supremo Tribunal Federal. Disponível em: <http://www.stf.jus.br/portal/jurisprudenciaRepercussao/listarProcesso.asp?tipo=AC&numeroTemaInicial=&numeroTemaFinal=&txtTituloTema=imunidade+rec%EDproca&acao=acompanhamentoPorTema&botao=>. Acesso em: 15 abr. 2015.

CAPÍTULO 5
DA IMUNIDADE TRIBUTÁRIA RECÍPROCA DOS BENS AFETADOS À CONCESSÃO DO SERVIÇO PÚBLICO DE ENERGIA ELÉTRICA | 129

ocupante de bem público; (3) 412 - Extensão da imunidade tributária recíproca às empresas públicas prestadoras de serviços públicos; (4) 437 - Reconhecimento de imunidade tributária recíproca a empresa privada ocupante de bem público; (5) 508 - Imunidade tributária recíproca para sociedade de economia mista com participação acionária negociada em bolsa de valores; e (6) 644 - Imunidade tributária recíproca quanto ao IPTU incidente sobre imóveis de propriedade da ECT.

Cabe esclarecer que a amostra obtida, utilizando-se no critério de pesquisa a expressão "imunidade recíproca", retornou ainda outros temas que, por impertinência temática,[248] foram desconsiderados/ excluídos da análise.[249] Assim, dedica-se à síntese da análise realizada nos temas mencionados no parágrafo anterior.

No tema 235, imunidade tributária das atividades exercidas pela ECT, da relatoria do Ministro Joaquim Barbosa, tendo como *Leading Case*[250] o RE nº 601392; Recurso extraordinário em que se discutia, à luz do art. 150, VI, "a", da CR/88, se a imunidade tributária recíproca alcança, ou não, todas as atividades exercidas pela ECT, ou seja, se a exoneração integral e incondicionada à ECT desviava-se dos objetivos justificadores da proteção constitucional. No início do julgamento do RE nº 601392 foi interrompido em novembro de 2011, por pedido de vista do Ministro Dias Toffoli,[251] quando o placar era de 6 votos a 3 contra o pleito da empresa estatal, ocasião em que os ministros Ayres Britto, Gilmar Mendes e Celso de Mello ficaram vencidos pela maioria, então formada pelos Ministros Joaquim Barbosa (relator), Luiz Fux, Cármen Lúcia, Ricardo Lewandowski, Marco Aurélio e Cezar Peluso, que acompanhou o Relator ao entender que, *no momento em que a empresa age com intuito de fins lucrativos, para si ou para outrem, a imunidade recíproca de tributos não deve ser aplicada.*

Ocorre que, no julgamento de 28.02.2013, o Ministro Dias Toffoli trouxe o seu voto na linha da minoria inicial, de que a ECT é um

---

[248] Não diziam respeito aos impostos sobre a propriedade de bens afetados à concessão.

[249] Os seguintes temas foram desconsiderados da análise: tema 115 - Aplicação da imunidade tributária recíproca às sociedades de economia mista que prestam serviços de saúde exclusivamente pelo SUS; tema 224 - Imunidade tributária recíproca do responsável tributário por sucessão; tema 402 - Imunidade tributária recíproca quanto à incidência de ICMS sobre o transporte de encomendas pela Empresa Brasileira de Correios e Telégrafos – ECT; e tema 685 - Extensão da imunidade tributária recíproca ao IPVA de veículos adquiridos por município no regime da alienação fiduciária.

[250] *Ibidem*, p. 94.

[251] BRASIL, Superior Tribunal Federal. Ministro Dias Toffoli, Jurisprudência do STF, Brasília, DF, em 12 nov. 2011.

serviço público muito especial, que *atinge os mais longínquos municípios do país e comunidades de difícil acesso, mesmo nas grandes cidades, devendo ter algum lucro em serviços não propriamente postais, que são deficitários, como mecanismo de equilibrar o seu orçamento.* Seu entendimento foi acompanhado pela Ministra Rosa Weber, que sucedera a Ministra Ellen Gracie, e pelo Ministro Ricardo Lewandowski, que reformulou o seu voto anterior. Dessa forma, a maioria se inverteu, sob protestos do Ministro Joaquim Barbosa. Assim, o Plenário do STF decidiu que a ECT está isenta de pagar o Imposto sobre Serviços de Qualquer Natureza (ISS), mesmo quando se trata de atividade que não tenha característica de serviços postais propriamente ditos. O Acórdão de mérito foi publicado em 05.06.2013.

Quanto ao tema 385, reconhecimento de imunidade tributária recíproca a sociedade de economia mista ocupante de bem público, da relatoria do Min. Marco Aurélio, tendo como *Leading Case*[252] o RE nº 594015, consistente em Recurso Extraordinário em que se discute, à luz do art. 150, VI, "a", da CR/88, se a imunidade tributária recíproca alcança, ou não, sociedade de economia mista arrendatária de terreno localizado em área portuária pertencente à União. A decisão que reconheceu a repercussão geral do tema restou assim ementada:

> IMUNIDADE – SOCIEDADE DE ECONOMIA MISTA – ARRENDA-
> TÁRIA DE BEM DA UNIÃO – IPTU – AFASTAMENTO NA ORI-
> GEM – RECURSO EXTRAORDINÁRIO – REPERCUSSÃO GERAL
> CONFIGURADA. Possui repercussão geral a controvérsia acerca da
> obrigatoriedade de recolhimento do IPTU, *incidente em terreno localizado
> na área portuária de Santos, pertencente à União,* pela Petróleo Brasileiro S/A
> (PETROBRAS), mesmo quando esta estiver na condição de arrendatária
> da Companhia Docas do Estado de São Paulo (CODESP). (RE nº 594015/
> SP, Ministro Marco Aurélio, Plenário, *DJe* 06.11.2011, grifos nossos)

Em que pese o Acórdão de repercussão geral ter sido publicado em 1º.06.2011, o mérito do RE nº 594015 ainda não foi julgado. Contudo, ressalte-se que o entendimento da Corte é que os bens imóveis usados pela Petrobras para a instalação de oleodutos não são abrangidos pela imunidade recíproca (RE nº 285716).

No tema 412, extensão da imunidade tributária recíproca às empresas públicas prestadoras de serviços públicos, da relatoria

---

[252] *Ibidem*, p. 94.

CAPÍTULO 5

DA IMUNIDADE TRIBUTÁRIA RECÍPROCA DOS BENS AFETADOS À CONCESSÃO DO SERVIÇO PÚBLICO DE ENERGIA ELÉTRICA | **131**

do Ministro Presidente, *Leading Case*[253] ARE nº 638315, no qual foi interposto agravo contra decisão que inadmitiu recurso extraordinário, em que se discute, à luz do art. 150, VI, "a", da Constituição Federal, a possibilidade, ou não, de extensão da imunidade tributária recíproca à INFRAERO. Em julgamento de 10.06.2011, a decisão do Plenário do STF foi no sentido de reconhecer a existência de repercussão geral da questão constitucional suscitada, vencido o Ministro Luiz Fux e, no mérito, reafirmou a jurisprudência dominante sobre a matéria, vencidos os Ministros Ayres Britto e Marco Aurélio. Destaque-se que não se manifestaram os Ministros Cármen Lúcia e Joaquim Barbosa.

1. Trata-se de agravo contra decisão que indeferiu processamento de recurso extraordinário interposto de acórdão do Tribunal Regional Federal da Primeira Região, assim ementado:

TRIBUTÁRIO E CONSTITUCIONAL. ISS. INFRAERO. SERVIÇOS DE INFRAESTRUTURA AEROPORTUÁRIA. IMUNIDADE TRIBUTÁRIA RECÍPROCA. EMPRESA PÚBLICA DELEGATÁRIA DE SERVIÇO PÚBLICO. INAPLICABILIDADE DO ART. 173, §1º, DA CF/1988. ENTENDIMENTO DO STF.

Sustenta o recorrente, com base no art. 102, III, a, violação do art. 21, XII, c, art. 150, IV, a, §§2º e 3º, art. 173, §2º, art. 177, da Constituição Federal. Aduz, em síntese, que:

[...] O monopólio, em conclusão, é situação excepcional dentro da ordem econômica - é chamada intervenção direta por absorção -, e somente é possível de ser exercido por ente público (rectius, por meio de uma empresa pública ou sociedade de economia mista por ele criada) quando a Constituição expressamente o prevê, vedando a existência de concessão ou de permissão a um particular. Se estas últimas forem possíveis, ainda que em caráter hipotético, não se pode falar em monopólio e, por conseguinte, em imunidade, sem que isto implique violação ao já mencionado §2º do art. 173 da CF/88.

O dispositivo constitucional, conforme visto, autoriza que o serviço exercido pela INFRAERO tenha sua prestação entregue ao particular, seja por meio de permissão, seja por meio de concessão.

Infere-se, portanto, que o acórdão recorrido, ao reconhecer que o serviço público prestado pela INFRAERO, ora recorrida, ostentava como traço característico ser de monopólio da União, razão por que estenderia para empresa pública federal prestadora o benefício da imunidade tributária recíproca, encerrou flagrante e direta violação a normas constitucionais consubstanciadas no art. 21, XII, alínea c, no art. 150, inciso VI, alínea

---

[253] *Ibidem*, p. 94.

a, §§2º e 3º, e no art. 173, §2º, art. 177, a reclamar pronta correção por intermédio do presente recurso extraordinário.

Requer, em síntese, que: [...] conheça do presente recurso extraordinário para lhe dar provimento no sentido de reformar o acórdão recorrido, visto que em manifesta violação ao art. 21, XII, alínea c, no art. 150, inciso VI, alínea a, §§2º e 3º, e no art. 173, §2º, art. 177, todos da Constituição Federal de 1988, afastando-se, dessarte, a imunidade tributária recíproca, determinando-se, por conseguinte, o prosseguimento da execução fiscal (fl. 750). *Apresenta preliminar formal e fundamentada de repercussão geral, no forma do art. 543-A, §2º, do CPC (fl. 740).*

2. Admissível o agravo. Presentes os requisitos formais de admissibilidade, dou provimento ao agravo, convertendo-o em recurso extraordinário.

3. A questão suscitada neste recurso versa sobre a possibilidade de extensão da imunidade tributária recíproca, nos termos do art. 150, VI, a, da Constituição Federal, à Empresa Brasileira de Infraestrututa Aeroportuária - INFRAERO, na qualidade de empresa pública prestadora de serviço público.

4. *Esta Corte possui jurisprudência firmada no sentido de que a INFRAERO faz jus à imunidade recíproca prevista no art. 150, VI, a, da Constituição Federal.* Confiram-se o RE 407099 / RS, Rel. Min. Carlos Velloso, DJ de 6.8.2004, RE 598322 / RJ, Rel Min. Celso de Mello, DJe de 22.5.2009, RE 607535 / PE, Min. Rel Ricardo Lewandowski, DJe de 16.3.2010, RE 577511 / PE, Rel. Min. Cármen Lúcia, DJe de 22.2.2010, RE 501639 / BA, Rel. Min. Eros Grau, DJe de 1.8.2008

5. *Ante o exposto, reafirmo a jurisprudência da Corte para negar provimento ao recurso extraordinário.* (RE nº 638315, Plenário, Ministro Cezar Peluso, julgado em 16 de maio de 2011, grifos nossos)

Como demonstrado, a decisão do STF foi no sentido de reafirmar a jurisprudência da Corte, pela qual a INFRAERO, na qualidade de empresa pública prestadora de serviço público, faz jus à imunidade recíproca prevista no art. 150, VI, "a", da CR/88, e negar provimento ao RE do Município de Salvador, que transitou em julgado em 12.09.2011.

Quanto ao julgamento do tema 437, reconhecimento de imunidade tributária recíproca a empresa privada ocupante de bem público, da relatoria do Ministro Ricardo Lewandowski, *Leading Case*[254] RE nº 601720, que versa sobre Recurso extraordinário em que se discute, à luz do art. 150, VI, "a", §§2º e 3º, da Constituição Federal, se a imunidade tributária recíproca alcança, ou não, bem imóvel de propriedade da União cedido à empresa privada que explora atividade econômica.

---

[254] *Ibidem*, p. 94.

Nesse julgamento, concluiu-se, ainda, que concessionária de uso de imóvel pertencente a ente público, por não ter domínio ou posse sobre o referido bem, não pode ser considerada como contribuinte de IPTU. Em que pese o Acórdão de repercussão geral ter sido publicado em 28.06.2011, o mérito do RE nº 601720 ainda não foi julgado e espera-se que possa trazer relativo impacto sobre o presente estudo, que, em certo aspecto, versa sobre a imunidade de bem público, gerido por empresa privada, para o exercício da concessão de serviço público de energia elétrica.

No tocante ao tema 508, imunidade tributária recíproca para sociedade de economia mista com participação acionária negociada em bolsa de valores, tendo como relator o Ministro Joaquim Barbosa, e *Leading Case*[255] o RE nº 600867, em que se discute, à luz do art. 150, VI, "a", da CR/88, se a imunidade tributária recíproca alcança, ou não, sociedade de economia mista cuja composição acionária é objeto de negociação em bolsa de valores e distribui lucros a investidores públicos e privados, em razão das atividades desempenhadas. O Acórdão de repercussão geral foi publicado em 10.02.2012, mas o mérito do RE nº 600687 ainda não foi julgado.

Por fim, analisemos o tema *644, imunidade tributária recíproca quanto ao IPTU incidente sobre imóveis de propriedade da ECT*, da relatoria do Ministro Dias Toffoli, *Leading Case*[256] RE nº 773992, versando sobre Agravo de decisão que inadmitiu recurso extraordinário em que se discutiu, à luz dos arts. 21, X; 150, VI, "a", e §§2º e 3º; 173, §2º; e 177, da CR/88, o reconhecimento da imunidade recíproca relativamente ao IPTU incidente sobre imóveis de propriedade da ECT. Acórdão de mérito publicado 19.02.2015:

> ACÓRDÃO ELETRÔNICO
> REPERCUSSÃO GERAL - MÉRITO
> DJe-032 DIVULG 18-02-2015 PUBLIC 19-02-2015
> Parte(s)
> RECTE.(S): MUNICÍPIO DE SALVADOR
> PROC.(A/S)(ES): PROCURADOR-GERAL DO MUNICÍPIO DE SALVADOR
> RECDO.(A/S): EMPRESA BRASILEIRA DE CORREIOS E TELÉGRAFOS - ECT
> ADV.(A/S): RAPHAEL RIBEIRO BERTONI E OUTRO(A/S)

---

[255] *Ibidem*, p. 94.
[256] *Ibidem*, p. 94.

AM. CURIAE.: MUNICIPIO DE SAO PAULO
PROC.(A/S) (ES): PROCURADOR-GERAL DO MUNICIPIO DE SÃO PAULO
AM. CURIAE. ASSOCIAÇÃO BRASILEIRA DAS SECRETARIAS DE FINANÇAS DAS CAPITAIS BRASILEIRAS- ABRASF
ADV.(A/S): RICARDO ALMEIDA RIBEIRO DA SILVA

Ementa

EMENTA Recurso extraordinário. Repercussão geral reconhecida. Tributário. IPTU. Empresa Brasileira de Correios e Telégrafos (ECT). Imunidade recíproca (art. 150, VI, a, da CF). 1. Perfilhando a cisão estabelecida entre prestadoras de serviço público e exploradoras de atividade econômica, a Corte sempre concebeu a Empresa Brasileira de Correios e Telégrafos como uma empresa prestadora de serviços públicos de prestação obrigatória e exclusiva do Estado. 2. *A imunidade recíproca prevista no art. 150, VI, a, da Constituição, alcança o IPTU que incidiria sobre os imóveis de propriedade da ECT e por ela utilizados. 3. Não se pode estabelecer, a priori, nenhuma distinção entre os imóveis afetados ao serviço postal e aqueles afetados à atividade econômica. 4. Na dúvida suscitada pela apreciação de um caso concreto, acerca, por exemplo, de quais imóveis estariam afetados ao serviço público e quais não, não se pode sacrificar a imunidade tributária do patrimônio da empresa pública, sob pena de se frustrar a integração nacional. 5. As presunções sobre o enquadramento originariamente conferido devem militar a favor do contribuinte. Caso já lhe tenha sido deferido o status de imune, o afastamento dessa imunidade só pode ocorrer mediante a constituição de prova em contrário produzida pela Administração Tributária.* 6. Recurso extraordinário a que se nega provimento.

Decisão

O Tribunal, decidindo o tema 644, por maioria e nos termos do voto do Relator, *negou provimento ao recurso extraordinário do Município de Salvador,* vencidos os Ministros Roberto Barroso e Marco Aurélio. Ausente, justificadamente, o Ministro Gilmar Mendes. Falaram, pelo recorrente Município de Salvador, o Dr. Francisco Bertino B. de Carvalho, OAB/BA 11279; pela recorrida Empresa Brasileira de Correios e Telégrafos, o Dr. Cleucio Santos Nunes, OAB/SP 129613, e, pelo *amicus curiae*[257] Município de São Paulo a Dra. Simone Andrea Barcelos Coutinho, OAB/SP 117181. Presidiu o julgamento o Ministro Ricardo Lewandowski. Plenário, 15.10.2014. (RE nº 773992/BA, Ministro Dias Toffoli, Plenário, *DJe* 19.02.2015, grifos nossos)

---

[257] Intervenção assistencial em processos de controle de constitucionalidade por parte de entidades que tenham representatividade adequada para se manifestar nos autos sobre questão de direito pertinente à controvérsia constitucional. Não são partes dos processos; atuam apenas como interessados na causa. Plural: *Amici curiae* (amigos da Corte).

Cabe destacar que o entendimento firmado no tema 644 é amplamente favorável ao contribuinte, em especial as concessionárias de serviço público que têm, muitas vezes, que fazer prova da afetação do bem sobre o qual incide a tributação. Pelo entendimento do STF, a dúvida suscitada acerca da afetação não pode prejudicar o contribuinte, e caberá à Administração Tributária fazer prova da não afetação do bem, sobre o qual esta exige o tributo.

Adicionalmente, analisaram-se os acórdãos das decisões do STF,[258] dos julgamentos realizados no período de 1º.01.2013 a 15.04.2015, com a mesma relação temática, qual seja, imunidade recíproca de bens imóveis afetados à concessão de serviço público, e cuja síntese segue.

Em julgamento realizado pela Segunda Turma do STF, em 14.05.2013, o RE nº 286287 AgR/SP, da relatoria do Ministro Teori Zavascki, interposto pela Petrobras em face de decisão que negou seguimento a recurso extraordinário da agravante, que pretendia, entre outros pedidos, o reconhecimento da imunidade recíproca. Em seu voto, o Ministro Relator destacou que os bens imóveis usados pela Petrobras para a instalação de oleodutos não são abrangidos pela imunidade recíproca prevista no art. 150, VI, "a", da CR/88, senão vejamos:

[...] 2. Com razão o agravante ao afirmar que impugnou, no recurso extraordinário, todos os fundamentos do acórdão recorrido. Todavia, a negativa de seguimento ao recurso deve ser mantida. Com efeito, *esta Corte possui o entendimento de que os bens imóveis usados pela Petrobrás para a instalação de oleodutos não são abrangidos pela imunidade recíproca prevista no art. 150, VI, a, da CF/88.* Nesse sentido, confira-se: CONSTITUCIONAL. TRIBUTÁRIO. IMUNIDADE TRIBUTÁRIA RECÍPROCA (ART. 150, VI, A DA CONSTITUIÇÃO). IMÓVEL UTILIZADO PARA SEDIARCONDUTOS DE TRANSPORTE DE PETRÓLEO, COMBUSTÍVEIS OU DERIVADOS. OPERAÇÃO PELA PETRÓLEO BRASILEIRO S.A. - PETROBRÁS. MONOPÓLIO DA UNIÃO. INAPLICABILIDADE DA SALVAGUARDA CONSTITUCIONAL.

1. Recurso extraordinário interposto de acórdão que considerou tributável propriedade imóvel utilizada pela Petrobrás para a instalação e operação de condutos de transporte de seus produtos. Alegada imunidade tributária recíproca, na medida em que a empresa-agravante desempenha atividade sujeita a monopólio.

---

[258] BRASIL, Supremo Tribunal Federal. Disponível em: <http://www.stf.jus.br/portal/juris prudencia/listarJurisprudencia.asp?s1=%28imunidade+rec%EDproca+iptu%29%28%40JULG+%3E%3D+20130101%29%28%40JULG+%3C%3D+20150415%29&base=baseAcor daos&url=http://tinyurl.com/n463t76>. Acesso em: 15 abr. 2015.

2. É irrelevante para definição da aplicabilidade da imunidade tributária recíproca a circunstância de a atividade desempenhada estar ou não sujeita a monopólio estatal. O alcance da salvaguarda constitucional pressupõe o exame (i) da caracterização econômica da atividade (lucrativa ou não), (ii) do risco à concorrência e à livre-iniciativa e (iii) de riscos ao pacto federativo pela pressão política ou econômica. 3. A imunidade tributária recíproca não se aplica à Petrobrás, pois: 3.1. Trata-se de sociedade de economia mista destinada à exploração econômica em benefício de seus acionistas, pessoas de direito público e privado, e a salvaguarda não se presta a proteger aumento patrimonial dissociado de interesse público primário; 3.2. A Petrobrás visa a distribuição de lucros, e, portanto, tem capacidade contributiva para participar do apoio econômico aos entes federados; 3.3. A tributação de atividade econômica lucrativa não implica risco ao pacto federativo. Agravo regimental conhecido, mas ao qual se nega provimento. (RE 285716 AgR, Min. Joaquim Barbosa, Segunda Turma, DJe de 26-03-2010) [...] O agravo regimental não traz qualquer subsídio apto a alterar esses fundamentos, razão pela qual deve ser mantido incólume o entendimento da decisão agravada.
4. Diante do exposto, nego provimento ao agravo regimental. É o voto. (RE nº 286287 AgR/SP, Ministro Teori Zavascki, Segunda Turma, *DJe* 27.05.2013, grifos nossos)

Não se aprofunda na análise do presente Acórdão pelo fato de versar sobre empresa pública que exerce atividade econômica, o que já afasta o entendimento que interessa ao presente estudo, que versa sobre bens imóveis geridos por concessionárias de serviços públicos de energia elétrica.

Em 17.09.2013, o julgamento realizado pela Primeira Turma do STF decidiu pelo conhecimento e não provimento do RE nº 724868 AgR/MG, da relatoria do Ministro Marco Aurélio, interposto pela CEMIG Distribuição S.A. em face de decisão que negou seguimento a recurso extraordinário da agravante, que pretendia, entre outros pedidos, o reconhecimento da imunidade recíproca e o sobrestamento do processo ante o reconhecimento da repercussão geral da matéria, pelo Supremo, no julgamento do RE nº 601.720/RJ. Em seu voto, o Ministro Relator, que decidiu por uma questão processual, não analisou o mérito da imunidade tributária recíproca, como se observa no voto a seguir transcrito:

VOTO
O SENHOR MINISTRO MARCO AURÉLIO (RELATOR) – Na interposição deste agravo, observaram-se os pressupostos de recorribilidade.

A peça, subscrita por advogado devidamente credenciado, foi protocolada no prazo legal. *Conheço.*

Atentem para o que decidido na origem. O Tribunal de Justiça do Estado de Minas Gerais assentou, em síntese:

EMENTA: TRIBUTÁRIO. EXECUÇÃO FISCAL. EMBARGOS. CDA. NULIDADES FORMAIS. NÃOCARACTERIZAÇÃO. IMUNIDADE CONSTITUCIONAL INTERGOVERNAMENTAL RECÍPROCA. CEMIG. SOCIEDADE ECONOMIA MISTA. SOCIEDADE DE AÇÕES. IPTU. EXAÇÃO FISCAL DEVIDA. CONTRIBUIÇÃO PARA O CUSTEIO DO SERVIÇO DE ILUMINAÇÃO PÚBLICA. CONSTITUCIONALIDADE.

– A certidão de dívida ativa não pode ser declarada imperfeita quando atende aos requisitos estabelecidos em lei. – É devida a incidência de IPTU em imóvel de propriedade da CEMIG, pois a ela não se aplica a imunidade constitucional recíproca, *porquanto se trata de sociedade de economia mista,* constituída sob a forma de sociedade de ações. – As contribuições, ao contrário das taxas, não exigem sejam observados os atributos da especificidade e da divisibilidade, sendo certo que aquelas se distinguem das demais espécies tributárias – inclusive as taxas – pelo critério da finalidade constitucional, que as legitimam.

O deslinde da controvérsia deu-se à luz dos fatos e das provas e sob o ângulo estritamente legal, não considerada a Constituição da República. A conclusão adotada fez-se alicerçada em interpretação conferida à legislação de regência, não ensejando campo ao acesso ao Supremo.

Acresce que a matéria versada neste processo é distinta da apontada como paradigma pelo agravante. O Supremo, no *Recurso Extraordinário nº 601.720/RJ, concluiu pela repercussão geral do tema relativo à extensão da imunidade tributária,* prevista no artigo 150, inciso VI, alínea a, da Carta da República, às empresas privadas que, *na condição de concessionárias de uso e para o fim de explorar atividade econômica,* ocupam bens de pessoas jurídicas de direito público. No caso, trata-se de bem pertencente a pessoa jurídica de direito privado.

Ante o quadro, *desprovejo o regimental.* (RE nº 724868 AgR/MG, Min. Marco Aurélio, Primeira Turma, *DJe* 08.10.2013, grifos nossos)

A primeira consideração é que matéria "era somente fática e não considerada a CR/88" merece reflexão, haja vista que, conforme destacado no trecho acima, a matéria envolvia a imunidade recíproca, logo, matéria constitucional, cujo mérito deveria ter sido apreciado, e havia entendimentos favoráveis no sentido de que as sociedades de economia mista, delegatárias de serviços públicos, que não atuem em ambiente concorrencial, têm direito à imunidade tributária recíproca (RE nº 581.947, *Dje* 27.08.2010, e RE nº 744.699, *Dje* 20.08.2013). A segunda consideração é que concorda-se com a impertinência do Acórdão paradigma, mas não pelos fundamentos apresentados, e sim pelo fato de este versar sobre atividade econômica e, no caso da concessionária mencionada, trata-se de prestação de serviço público. Por fim, destaca-se que, à luz do que foi exaustivamente exposto, a concessionária não é proprietária de área imóvel onde se instalam subestações e linhas de transmissão, pelo fato de, por fundamentos do Direito Regulatório, não poder dispor do bem da forma que lhe for conveniente. Neste caso, o proprietário, como se fundamentou no presente estudo, é o poder concedente, *in casu*,[259] a União.

Em 08.10.2013, o julgamento realizado pela Segunda Turma do STF decidiu pelo conhecimento e não provimento do RE nº 744699 AgR/MG, da relatoria da Ministra Cármen Lúcia, interposto pelo Município de Contagem em face de decisão de 15.08.2013, que deu provimento ao RE da CEMIG Geração e Transmissão S.A, e reconheceu que a imunidade tributária prevista no art. 150, inc. VI, alínea "a", da Constituição da República alcança as sociedades de economia mista delegatárias de serviços públicos que não atuem em ambiente concorrencial. No Relatório do RE nº 744699 AgR/MG, a Ministra Relatora destacou que:

RELATÓRIO

A SENHORA MINISTRA CÁRMEN LÚCIA - (Relatora):

1. *Em 15 de agosto de 2013, dei provimento ao recurso extraordinário interposto por Cemig Geração e Transmissão S/A contra julgado do Tribunal de Justiça de Minas Gerais, que concluíra pela inexistência de imunidade tributária de sociedade de economia mista concessionária de serviço público. A decisão agravada fundamentou-se na jurisprudência do Supremo Tribunal Federal.*

2. Publicada essa decisão no DJe de 21.8.2013, interpõe o Município de Contagem/MG em 29.8.2013, tempestivamente, agravo regimental.

3. Afirma o Agravante que a jurisprudência firmada nos julgados adotados como fundamento da decisão agravada não se aplicaria à espécie.

Sustenta que, "ao se estender a salvaguarda da imunidade tributária de forma indiscriminada a todas as sociedades de economia mista, pelo simples fato de desempenharem um serviço publico, estaríamos diante de uma violação aos princípios gerais da atividade econômica".

Requer a reconsideração da decisão agravada.

É o relatório. (RE nº 744699 AgR/MG, Ministra Cármen Lúcia, Segunda Turma, *DJe* 27.10.2013, grifos nossos)

---

[259] É uma expressão em latim usada no contexto jurídico que significa "na espécie em julgamento".

A Segunda Turma, por votação unânime, negou provimento ao agravo regimental, nos termos do voto da Relatora, que transcrevemos:

VOTO

A SENHORA MINISTRA CÁRMEN LÚCIA - (Relatora):

1. *Razão jurídica não assiste ao Agravante.*

2. O acórdão recorrido pôs-se nos termos seguintes:

A controvérsia dos autos versa acerca da alegação de imunidade tributária quanto ao pagamento de IPTU, Taxa de conservação de vias e logradouros públicos e contribuição de custeio de iluminação pública, referente a bem imóvel desapropriado para fins de utilidade pública. Acerca da imunidade tributária, dispõe o art. 150, da Constituição da República:

[...] No caso em comento, a apelante é sociedade de economia mista, concessionária de serviço público, remunerado por meio de tarifa, o que caracteriza a exploração de atividade econômica e afasta o gozo da pretendida imunidade constitucional, nos termos do parágrafo terceiro do referido dispositivo legal, bem como do art. 13 do CTN.

Vale também ressaltar que o art. 173, §2º, da Constituição da República dispõe que 'as empresas públicas e sociedades de economia mista não poderão gozar de privilégios fiscais não extensivos às do setor privado, motivo por que inviável a concessão da referida imunidade'".

3. Como assentado na decisão agravada, *as sociedades de economia mista delegatárias de serviços públicos que não atuem em ambiente concorrencial têm direito à imunidade tributária recíproca,* prevista no art. 150, inc. VI, alínea a, da Constituição da República.

No julgamento do Recurso Extraordinário n. 581.947, Relator o Ministro Eros Grau, o Plenário do Supremo Tribunal Federal reconheceu a geração e transmissão de energia elétrica como serviço público, razão pela qual autorizaria o uso do domínio público necessário à execução do serviço, bem como a promoção de desapropriações e a constituição de servidões de áreas declaradas pelo poder concedente como de utilidade pública. Nessa mesma assentada, reconheceu-se o direito à imunidade recíproca dessas prestadoras de serviço público (DJe 27.8.2010).

No mesmo sentido, os seguintes julgados:

[...] 4. Os argumentos do Agravante, insuficientes para modificar a decisão agravada, demonstram apenas inconformismo e resistência em pôr termo a processos que se arrastam em detrimento da eficiente prestação jurisdicional.

[...]

Pelo exposto, *nego provimento ao agravo regimental.* (RE nº 744699 AgR/MG, Ministra Cármen Lúcia, Segunda Turma, *DJe* 27.10.2013, grifos nossos)

Os julgados mencionados pela relatora são: (1) RE nº 399.307-AgR, de relatoria do Ministro Joaquim Barbosa, Segunda Turma, *DJe* 30.04.2010; (2) RE nº 363.412-AgR, relatado pelo Ministro Celso de Mello, Segunda Turma, *DJe* 19.09.2008; e (3) RE nº 462.704-AgR, da relatoria do Ministro Luiz Fux, Primeira Turma, *DJe* 1º.02.2013. O Município de Contagem opôs, ainda, embargos declaratórios que, por unanimidade, foram rejeitados pela Segunda Turma, que impôs multa de 1% sobre o valor corrigido da causa e determinou a imediata baixa dos autos à origem. No mesmo sentido: RE nº 773131 AgR/MG, de relatoria do Ministra Cármen Lúcia, Segunda Turma, *DJe* 07.02.2014.

Quanto ao mérito da decisão, em que pese ser uma condição mais favorável para as sociedades de economia mista, concessionárias de serviço público de energia elétrica, destaca-se que, conforme fundamentado no nosso presente estudo, não se entende pela imunidade recíproca da concessionária, logo, imunidade subjetiva, que teria duas implicações diretas: (1) todo e qualquer bem da concessionária, independentemente de ser afetado ou não, seria imune. Neste estudo, defende-se que apenas os bens afetados ao serviço público de energia elétrica são imunes; (2) existem ainda empresas privadas, concessionárias de serviço público de energia elétrica. E, em sendo a imunidade restrita às sociedades de economia mista, estar-se-ia a excluir, indevidamente, no entendimento do presente estudo, as empresas privadas, igualmente concessionárias de serviço público de energia elétrica, e que também promovem desapropriações e a constituição de servidões de áreas declaradas pelo poder concedente como de utilidade pública, e, que deveriam ter o mesmo tratamento para os bens do poder concedente, que administram para o exercício da prestação de serviço público de energia elétrica, objeto da concessão.[260] Assim, por todo o exposto, reafirma-se que o entendimento é pela imunidade recíproca, eis que os bens afetados ao serviço público de energia elétrica pertencem à União.

Noutro julgamento, também realizado em 08.10.2013, pela Primeira Turma do STF, decidiu pelo conhecimento e não provimento do RE nº 749006 AgR/RJ, da relatoria do Ministro Luiz Fux, interposto pelo Município de Angra dos Reis em face de decisão monocrática que deu provimento ao Recurso Extraordinário da Companhia Docas do

---

[260] Por fim, cabe destacar que as mencionadas desapropriações e instituições de servidão administrativa dos bens necessários à execução do serviço ou obra pública, autorizadas pelo poder concedente, podem ser realizadas, tanto por sociedade de economia mista, quanto por empresas privadas, enquanto concessionárias do serviço público de energia elétrica. Arts, 29 e 31 da Lei nº 8.987/95.

CAPÍTULO 5
DA IMUNIDADE TRIBUTÁRIA RECÍPROCA DOS BENS AFETADOS À CONCESSÃO DO SERVIÇO PÚBLICO DE ENERGIA ELÉTRICA | 141

Rio de Janeiro. Em seu voto no RE nº 749006 AgR/RJ, o Ministro Relator negou provimento sob o fundamento da decisão do mencionado tema 412, bem como nos precedentes RE nº 253.472, Relator Ministro Joaquim Barbosa, Plenário, *DJe* 1º.02.2010, e RE nº 589.463-ED, Relator Ministro Ricardo Lewandowski, *DJe* 28.03.2012, e decidiu que a imunidade recíproca prevista no artigo 150, VI, "a", da CR/88, alcança as sociedades de economia mista que prestam serviços públicos de administração portuária, mediante outorga da União.

Os demais Acórdãos listados na amostra foram analisados, e não foram descritos por não trazerem fundamento relativo ao tema, ou por já terem sido mencionados nos julgamentos anteriores.[261]

Por fim, observa-se que, como o último julgado no STJ envolvendo a matéria foi em 23.10.2014 e, considerando que a jurisprudência do STF, conforme demonstrado, se firmou no sentido de que a imunidade recíproca prevista no artigo 150, VI, "a", da CR/88, alcança as sociedades de economia mista que prestam serviços públicos de energia elétrica, mediante concessão da União, a expectativa é que os novos julgamentos do STJ reflitam tal alinhamento jurisprudencial.

---

[261] ARE nº 828030 AgR/RJ, relatado pela Ministra Cármen Lúcia, Segunda Turma, *DJe* 13.02.2015; AI nº 738804 AgR/SP, relatado pela Ministra Rosa Weber, Primeira Turma, *DJe* 25.10.2013; AI nº 746263 AgR-ED/MG, relatado pelo Ministro Dias Toffoli, Primeira Turma, *DJe* 16.12.2013; ARE nº 758289 AgR/RJ, relatado pelo Ministro Dias Toffoli, Primeira Turma, *DJe* 10.04.2014; RE nº 628308 AgR/RJ, relatado pelo Ministro Roberto Barroso, Primeira Turma, *DJe* 03.06.2014; AI nº 712802 AgR-ED-ED/SP, relatado pela Ministra Cármen Lúcia, Primeira Turma, *DJe* 03.06.2014; RE nº 773992/BA, relatado pelo Ministro Dias Toffoli, Plenário, *DJe* 19.02.2015; AR nº 1950 AgR/SP, relatado pelo Ministro Dias Toffoli, Plenário, *DJe* 20.06.2014.

CONCLUSÃO

As perguntas iniciais, que motivaram o presente estudo foram: *(1) No Brasil, o Concessionário é o proprietário dos bens utilizados para a prestação do serviço público? (2) é devida a cobrança de impostos sobre a propriedade de bens afetados à concessão de serviços públicos de energia elétrica?*

Diante das pesquisas realizadas, o entendimento foi no seguinte sentido:

1. Não. O concessionário de serviço público de energia elétrica, seja ele empresa pública ou privada, *não é o proprietário do bem afetado ao serviço público de energia elétrica.* Tal conclusão tanto pode ser fundamentada pelo Direito Civil, ao não se preencherem todos os requisitos do art. 1.228, quanto pela corrente objetiva do direito regulatório, segundo a qual a afetação tem o condão de tornar público o bem público.

2. Caso o patrimônio fosse da concessionária, o meio adequado para integrá-lo ao patrimônio da União seria a desapropriação. Não é isso que ocorre com os bens afetados ao serviço público de energia elétrica que são revertidos ao final do contrato de concessão. Considerando, ainda, que reversão é a volta à origem, só podem ser revertidos os bens que já são do Poder Público, é lícito concluir que os bens afetados/reversíveis, aplicado ao serviço público de energia elétrica, pertencem à União. Assim, afirma-se que o proprietário dos bens afetados ao serviço público de energia elétrica é o poder concedente, a União.

3. Não é devida a cobrança de impostos sobre a propriedade de bens afetados à concessão de serviços públicos de energia elétrica, uma vez que estes, sendo de propriedade do poder concedente, são atingidos pela imunidade recíproca. Assim,

não há que se falar em sujeito passivo de imposto que não incide sobre bem imune à tributação.

Esclarecidas as questões vestibulares do presente estudo, ressalta-se que outras conclusões adicionais foram possíveis de serem alcançadas como se detalha na sequência.

4 O princípio da segurança jurídica em matéria tributária é de vital importância para a atividade empresarial, de sorte que uma boa estrutura de governança tributária busca articular os departamentos jurídico, fiscal, contábil, financeiro e regulatório das Empresas, de forma a minimizar riscos e potencializar a legítima economia tributária, segundo elevados parâmetros éticos e em *compliance*[262] à letra e ao espírito da legislação aplicável aos negócios, para que cumpram, de forma justa, o dever fundamental de pagar impostos, que, bem administrados, podem gerar desenvolvimento nacional por meio da redução das desigualdades sociais.

5 A necessidade de arrecadação dos entes federativos não pode colocar em risco o Estado Democrático de Direito, nem os princípios que lhe são caros, entre eles, a segurança jurídica, o pacto federativo e a isonomia. Que tais necessidades sejam objeto de ampla discussão na origem das receitas, mas também na aplicação das mesmas, com a aplicação eficiente dos recursos e austeridade na realização das despesas.

6 Insistir na tributação dos bens afetados ao serviço público de energia elétrica, além de desrespeitar a importância da imunidade recíproca para o pacto federativo, representa uma agressão ao princípio da segurança jurídica em matéria tributária e impacta negativamente as empresas, de forma especial, do setor elétrico nacional.

7 Entendeu-se que é essencial, para a adequada decisão acerca da matéria, que o estudo da questão regulatória preceda a análise da questão tributária, sob pena de produção de decisões que violem fundamentos do Direito Constitucional e do Direito Regulatório.

8 As concessionárias, para a prestação do serviço público de energia elétrica, contam, em seu acervo, com bens de três classes, a saber: (1) bens que são do domínio público e que são transferidos para a posse da concessionária, sem que com isso

---

[262] É uma expressão inglesa que significa "Responsabilidade Corporativa".

se tornem bens patrimoniais do privado (áreas de subestação e linhas de transmissão); (2) bens que são adquiridos pela concessionária no curso da concessão ou para implementar o objeto concedido, mas que, por serem imprescindíveis ao serviço público, recebem um tratamento de bem público, pela qualidade de serem afetados à prestação de serviço, e ao final da concessão revertem para o patrimônio do poder concedente; (3) bens privados da concessionária que integram o patrimônio desta e que, por não serem imprescindíveis ao serviço concedido, não são reversíveis e, portanto, são sujeitos ao regime exclusivamente privado, sem qualquer restrição decorrente do regime de bens públicos.

9 Os dois primeiros grupos gozam de imunidade recíproca por pertencerem à União. Apenas o último grupo pode ser objeto de tributação, pois são bens da concessionária, e não são afetados, logo, não reversíveis, tais como veículos, prédios de sua sede administrativa, agências de atendimento, almoxarifados, entre outros, que continuarão com a concessionária, mesmo ao final da concessão.

10 A jurisprudência do STF tem se consolidado no sentido de garantir a extensão da imunidade recíproca à sociedade de economia mista, que presta o serviço público de energia elétrica. Destaca-se, que, conforme fundamentado no nosso presente estudo, *não se entende pela imunidade recíproca da concessionária, eis que possui bens que são particulares da concessionária e deveriam ser tributados. Defende-se que os bens afetados à concessão não são de propriedade da concessionária, mas da concessão, e, pertencendo à União, são abarcados pela imunidade recíproca.*

11 Reconhecer a imunidade recíproca apenas das concessionárias que possuam a forma de sociedade de economia mista, no caso do setor elétrico, implica violação de isonomia com as concessionárias que possuam a forma de empresas privadas, que exercem as mesmas atividades, desapropriam e exploram o mesmo tipo de ativo, e em nome da União.

12 Não sendo a sociedade de economia mista imune à tributação, assim como as empresas privadas, é devida a cobrança dos impostos somente sobre os ativos próprios da concessionária, o que exclui os ativos afetados ao serviço público de energia elétrica.

13 A pesquisa no direito comparado mostrou a experiência de Portugal com o Imposto Municipal sobre Imóveis, que, em apertada síntese, demonstrou-se que, *no ordenamento jurídico lusitano, em sendo o imóvel afetado ao serviço público de energia elétrica, não se tributa a propriedade,* como se depreende da leitura do Ofício-Circulado nº 5194.9/91, de 28.11.1991, sobre prédios afetados à rede elétrica, na posse da empresa Energias de Portugal (EDP).

14 Por fim, destaca-se outra razão que impede a cobrança: *a impossibilidade de aplicação da regra matriz do IPTU em função de se tratar de bem fora do comércio.* Como os bens afetados ao serviço público de energia elétrica são bens fora do comércio, não podem ser vendidos, nem se encontra alguém, em sã consciência, para adquirir um imóvel onde se tenha uma subestação, por exemplo. Mesmo que alguém assim existisse, por regras de segurança, ninguém poderia residir ou ocupar uma subestação. Ainda, assim, dependeria de autorização do proprietário, o poder concedente. Pelo exposto, caracteriza-se como bem fora do comércio, de sorte que, não possuindo valor venal, não se preenche a regra matriz de incidência, inviabilizando o cálculo do IPTU.

Assim, espera-se ter contribuído para o estudo da matéria, de alta relevância para a nossa sociedade.

REFERÊNCIAS

ABRADEE. *Privatizações no setor elétrico*. Disponível em: <http://www.abradee.com.br/setor-eletrico/privatizacoes>. Acesso em: 10 abr. 2015.

ABRADEE. *Mapa das Alíquotas ICMS – Brasil*. Disponível em: <http://www.abradee.com.br/financeiro/mapa-das-aliquotas-icms-brasil>. Acesso em: 10 abr. 2015.

ANDRADE, Adriana; ROSSETTI, José Paschoal. *Governança Corporativa*: Fundamentos, Desenvolvimento e Tendências. 2. ed. atual. e ampl. São Paulo: Atlas, 2006.

AMARAL, Letícia Mary Fernandes do; AMARAL, Gilberto Luiz do. *Governança Tributária*: princípios e prática. São Paulo. 2008. Disponível em: <http://amaraleassociados.com/artigoMostra2.php?id=14&PHPSESSID=d3ed55497f2c543ee3ee96ca1a669ced>. Acesso em: 05 fev. 2014.

AMARAL, Letícia Mary Fernandes do; AMARAL, Gilberto Luiz do. Governança Tributária na prática. *Revista Governança Tributária*, São Paulo, p. 10-13, jun. 2011. Disponível em: <http://www.governancatributaria.com.br>. Acesso em: 09 fev. 2014.

AMARO, Luciano. *Direito Tributário Brasileiro*. 16. ed. São Paulo: Saraiva, 2010.

ANATEL. *Diário Oficial da União*. Resolução Conjunta nº 1 da ANATEL, ANEEL e ANP, de 24/11/1999. Disponível em: <http://legislacao.anatel.gov.br/resolucoes/33-resolucoes-conjuntas/84-resolucao-conjunta-1>. Acesso em: 19 fev. 2015.

ANEEL. *Glossário*. Brasília: 2015. Disponível em: Disponível em: <http://www.aneel.gov.br/biblioteca/glossario.cfm>. Acesso em: 18 fev. 2015.

ANEEL. *Informações técnicas sobre Monitoramento da Qualidade*. Disponível em: <http://www.aneel.gov.br/area.cfm?idArea=83>. Acesso em: 19 fev. 2015.

ANEEL. *Mercado de Distribuição*. Brasília, 2007. Disponível em: <http://www.aneel.gov.br/area.cfm?idArea=48>. Acesso em: 21 fev. 2015.

ANEEL. *Perguntas e respostas sobre tarifas das distribuidoras de energia elétrica*. Brasília, 2007. Disponível em: <http://www.aneel.gov.br/biblioteca/perguntas_e_respostas.pdf>. Acesso em: 19 fev. 2015.

ANEEL. *Procedimentos de Distribuição de Energia Elétrica no Sistema Elétrico Nacional*. PRODIST: Módulo 8 – Qualidade da Energia Elétrica. Disponível em:<http://www.aneel.gov.br/arquivos/PDF/Módulo8_Revisão_6_Retificação_1.pdf>. Acesso em: 19 fev. 2015.

ANEEL. *Resolução Normativa*. Nº 641, de 16 de dezembro de 2014. *Diário Oficial da União*, Brasília, 24 dez. 2014. Disponível em: <http://www.aneel.gov.br/cedoc/ren2014641.pdf>. Acesso em: 19 fev. 2015.

ANEEL. *Resolução Normativa*. Nº 63, de 12 de maio de 2004. *Diário Oficial da União*, Brasília, 13 maio 2004. Disponível em: <http://www.aneel.gov.br/cedoc/ren2004063.pdf>. Acesso em: 19 fev. 2015.

ANEEL. *Resolução Normativa*. Nº 596, de 19 de dezembro de 2013. *Diário Oficial da União*, Brasília, 02 jan. 2014. Disponível em <http://www.aneel.gov.br/cedoc/ren2013596.pdf>. Acesso em: 19 fev. 2015.

ANDRADE, Adriana; ROSSETTI, José Paschoal. *Governança Corporativa:* Fundamentos, Desenvolvimento e Tendências. 2. ed. atual. e ampl. São Paulo: Atlas, 2006.

ÁVILA, Humberto. *Segurança jurídica:* entre permanência, mudança e realização no Direito Tributário. São Paulo: Malheiros, 2012.

ÁVILA, Humberto. *Guerra Fiscal*. YouTube, 23 jul. 2012. Disponível em: <https://www.youtube.com/watch?v=X54y7B_jL6s>. Acesso em: 15 abr. 2015.

BANDEIRA DE MELLO, Celso Antônio. *Curso de Direito Administrativo*. São Paulo: Malheiros, 2009.

BRASIL. *Constituição da República dos Estados Unidos do Brasil, 1981*. Disponível em: <http://www.planalto.gov.br/ccivil_03/constituicao/constituicao91.htm>. Acesso em: 02 abr. 2015.

BRASIL. *Constituição dos Estados Unidos do Brasil, 1946*. Disponível em: <https://www.planalto.gov.br/ccivil_03/constituicao/constituicao46.htm>. Acesso em: 02 abr. 2015.

BRASIL. *Diário Oficial da União*. Lei 5.172, de 25 de outubro de 1966. Brasília, 27 out. 1966. Disponível em: <http://www.planalto.gov.br/CCIVIL_03/leis/L5172.htm>. Acesso em: 19 fev. 2015.

BRASIL. *Constituição da República Federativa do Brasil, 1967*. Disponível em: <http://www.planalto.gov.br/ccivil_03/constituicao/constituicao67.htm>. Acesso em: 02 abr. 2015.

BRASIL. *Diário Oficial da União*. Lei 6.404, de 15 de dezembro de 1976. Brasília, 17 dez. 1976. Disponível em: <http://www.planalto.gov.br/ccivil_03/leis/l6404consol.htm>. Acesso em: 14 abr. 2015.

BRASIL. *Diário Oficial da União*. Decreto nº 93.879, de 23 de dezembro de 1986. Brasília, 17 dez. 1976. Disponível em: <http://www.planalto.gov.br/ccivil_03/decreto/1980-1989/1985-1987/D93879impressao.htm>. Acesso em: 14 abr. 2015.

BRASIL. *Constituição da República Federativa do Brasil, 1988*. Brasília, 5 out. 1988. Disponível em: <http://www.planalto.gov.br/ccivil_03/constituicao/constituicaocompilado.htm>. Acesso em: 30 set. 2014.

BRASIL. *Diário Oficial da União*. Lei nº 8.987, de 13 de fevereiro de 1995. Brasília, 14 fev. 1995. Disponível em: <http://www.planalto.gov.br/ccivil_03/leis/l8987cons.htm>. Acesso em: 30 set. 2014.

BRASIL. *Diário Oficial da União*. Lei 9.427, de 26 de dezembro de 1996. Brasília, 27 dez. 1996. Disponível em: <http://www.planalto.gov.br/ccivil_03/leis/L9427compilada.htm>. Acesso em: 19 fev. 2015.

BRASIL. *Diário Oficial da União*. Lei 9.784, de 29 de janeiro de 1999. Brasília, 01 fev. 1999. Disponível em: <http://www.planalto.gov.br/ccivil_03/leis/l9784.htm>. Acesso em: 30 set. 2014.

BRASIL. *Diário Oficial da União*. Lei 9.868, de 10 de novembro de 1999. Brasília, 11 nov. 1999. Disponível em: <http://www.planalto.gov.br/ccivil_03/leis/L9868.htm>. Acesso em: 19 fev. 2015.

BRASIL. *Diário Oficial da União*. Lei 11.079, de 30 de dezembro de 2004. Brasília, 31 dez. 2004. Disponível em: <http://www.planalto.gov.br/ccivil_03/_ato2004-2006/2004/lei/l11079.htm>. Acesso em: 17 fev. 2015.

REFERÊNCIAS | 149

BRASIL. *Diário Oficial da União*. Lei 12.767, de 27 de dezembro de 2012. Brasília, 28 dez. 2012. Disponível em: <http://www.planalto.gov.br/ccivil_03/_ato2011-2014/2012/Lei/L12767.htm>. Acesso em: 27 fev. 2015.

CANOTILHO, J. J. Gomes; MOREIRA, Vital. *Fundamentos da constituição*. Coimbra: Coimbra Ed., 1991.

CONSELHO ADMINISTRATIVO DE RECURSOS FISCAIS (CARF). *Jurisprudência CARF*. Acórdão 2201-002.476, sessão de 102 de agosto de 2014. Disponível em: <http://carf. fazenda.gov.br/sincon/public/pages/ConsultarJurisprudencia/listaJurisprudenciaCarf. jsf>. Acesso em: 03 mar. 2015.

CARRAZZA, Roque Antônio. *Curso de direito constitucional tributário*: revista, ampliada e atualizada até a Emenda Constitucional n. 72/2013. São Paulo: Melhoramentos, 2013.

CARVALHO FILHO, José dos Santos. *Manual de direito administrativo*. 27. ed. rev., ampl. e atual. até 31-12-2013. São Paulo: Atlas, 2014.

CARVALHO, Paulo de Barros. Parecer emitido para a ABRAGE sobre ITR sobre áreas alagadas. São Paulo: 2001.

CARVALHO, Paulo de Barros. *Curso de Direito Tributário*. 24. ed. São Paulo: Saraiva, 2012.

CARVALHO, Matheus. *Manual de direito administrativo*. Salvador: Juspodivm, 2014.

CASTRO, José Nilo de. *Direito Municipal Positivo*: revista e atualizada. Belo Horizonte: Del Rey, 2010.

CALMON, Sacha. *Curso de direito tributário brasileiro*. 13. ed. Rio de Janeiro: Forense, 2014.

DI PIETRO, Maria Sylvia Zanella. *Parcerias na Administração Pública*: Concessão, Permissão, Franquia, Terceirização, Parcerias Público-Privadas e Código Tributário à luz da doutrina e da jurisprudência. 14. ed. Porto Alegre: Livraria do Advogado; ESMAFE, 2012.

DI PIETRO, Maria Sylvia Zanella. *Direito Administrativo*. 27. ed. São Paulo: Atlas, 2014.

DI PIETRO, Maria Sylvia Zanella. Compartilhamento de infra-estrutura por concessionárias de serviços públicos. *Fórum Administrativo - Direito Público - FA*, Belo Horizonte, ano 2, n. 11, jan. 2002. Disponível em: <http://bid.editoraforum.com.br/bid/PDI0006. aspx?pdiCntd=1228>. Acesso em: 19 fev. 2015.

FERNANDES, Edison Carlos. Cobrança do IPTU sobre infra-estrutura dos Serviços Públicos. *In*: PEIXOTO, Marcelo Magalhães (Coord.). *IPTU, Aspectos Jurídicos Relevantes*. São Paulo: Quartier Latin, 2002. p. 122-123.

FERREIRA, Marcelo José Ferraz. *Governança Tributária*. Já pensou nisso? Disponível em: <http://exame.abril.com.br/rede-de-blogs/advogado-corporativo/2011/05/24/governanca-tributaria/>. Acesso em: 30 set. 2014.

FONTOURA, Rodrigo Brandão. A inconstitucionalidade da cobrança de taxa de ocupação sobre a rede de distribuição de energia elétrica. *In*: BORGES, Eduardo de Carvalho; LEME, Delvani (Coord.). *Tributação no Setor Elétrico*. São Paulo: Quartier Latin, 2010.

FORTINI, Cristiana. *Contratos Administrativos*: Franquia, Concessão, Permissão e PPP. 2. ed. São Paulo: Atlas, 2009.

FURTADO, Lucas Rocha. *Curso de direito administrativo*. 4. ed. rev. e atual. Belo Horizonte: Fórum, 2013.

GANIM, Antônio. *Setor Elétrico Brasileiro*: aspectos regulamentares, tributários e contábeis. 2. ed. Rio de Janeiro: Synergia, 2009. Disponível em: <http://www.ganim.com.br/fotos/Image/File/LIVRO_GANIM_COMPLETO.pdf>. Acesso em: 23 mar. 2015.

GODOI, Marciano Seabra de. *Crítica à Jurisprudência Atual do STF em Matéria Tributária.* São Paulo: Dialética, 2011.

GONÇALVES, Alcindo. *O conceito de Governança.* São Paulo. 2005. Disponível em: <http://www.conpedi.org.br/manaus/arquivos/Anais/Alcindo%20Goncalves.pdf>. Acesso em: 27 set. 2014.

GUSMÃO, Daniela. Incidência do IPTU em Imóveis de concessionárias de Serviços Públicos. *In*: PEIXOTO, Marcelo Magalhães (Coord.). *IPTU, Aspectos Jurídicos Relevantes.* São Paulo: Quartier Latin, 2002. p. 100.

INSTITUTO ACENDE BRASIL (IAB). *Tributos e Encargos na conta de luz:* Pela Transparência e Eficiência, nov. 2010. Disponível em: <http://www.acendebrasil.com.br/media/estudos/2010_WhitePaper_02_AcendeBrasil_Rev2.pdf>. Acesso em: 29 set. 2014.

INSTITUTO BRASILEIRO DE GOVERNANÇA CORPORATIVA (IBGC). *Código das Melhores Práticas da Governança Corporativa.* São Paulo. 2010. Disponível em: <http://www.ibgc.org.br/userfiles/files/Codigo_Final_4a_Edicao.pdf>. Acesso em: 29 set. 2014.

JESUS, Ricardo Bonfá de. Imunidade da sociedade de economia mista. *In*: CARRAZZA, Elizabeth Nazar (Coord.); MORETTI, Daniel (Org.). *Imunidades Tributárias.* Rio de Janeiro: Elsevier, 2012.

LENZA, Pedro. *Direito constitucional esquematizado.* 15. ed. rev., atual. e ampl. São Paulo: Saraiva, 2011.

MARINELA, Fernanda. *Direito Administrativo.* 7. ed. Niterói: Impetus, 2013.

MARQUES NETO, Floriano de Azevedo. *Bens Públicos:* função social e exploração econômica: o regime jurídico das utilidades públicas. Belo Horizonte: Fórum, 2014.

MARQUES NETO, Floriano de Azevedo. *Concessões.* Belo Horizonte: Fórum, 2015.

MARQUES, Márcio Pina. Extinção da concessão. *Fórum de Contratação e Gestão Pública - FCGP*, Belo Horizonte, ano 8, n. 85, jan. 2009. Disponível em: <http://bid.editoraforum.com.br/bid/PDI0006.aspx?pdiCntd=56626>. Acesso em: 29 mar. 2015.

MARTINEZ, Rodrigo Reis Bella. O novo advogado empresarial. *Jus Navigandi*, Teresina, ano 17, n. 3149, 14 fev. 2012. Disponível em: <http://jus.com.br/revista/texto/21079>. Acesso em: 29 jul. 2014.

MELO, José Eduardo Soares de. *Dicionário de direito tributário*: material e processual. São Paulo: Saraiva, 2012.

MENDES, Gilmar Ferreira; BRANCO, Paulo Gustavo Gonet. *Curso de direito constitucional.* 7. ed. rev. e atual. São Paulo: Saraiva, 2012. p. 1640.

NASCIMENTO, José Carlos Martins do; PACHECO, Sérgio. *Equívocos na busca à modicidade tarifária no setor elétrico*: Debates pendentes na área tributária, CONPEDI. Disponível em: <http://www.publicadireito.com.br/artigos/?cod=d068761b6d5f5087>. Acesso em: 18 fev. 2015.

PAULSEN, Leandro. *Segurança Jurídica, Certeza do Direito e Tributação.* Porto Alegre: Livraria do Advogado, 2005.

PAULSEN, Leandro. *Curso de Direito Tributário Completo*. 4. ed. Porto Alegre: Livraria do Advogado, 2012.

PAULSEN, Leandro. *Direito tributário:* Constituição e Código Tributário à luz da doutrina e da jurisprudência. 16. ed. Porto Alegre: Livraria do Advogado Editora; ESMAFE, 2014.

PAULSEN, Leandro; MELO, José Eduardo Soares de. *Impostos federais, estaduais e municipais*. 7. ed. rev. e atual. Porto Alegre: Livraria do Advogado, 2012.

PAULSEN, Leandro; MELO, José Eduardo Soares de. *Impostos Federais, Estaduais e Municipais*. 9. ed. 2014.

PEREIRA, Flávio Henrique Unes; SILVEIRA, Marilda de Paula; COLOMBAROLLI, Bruna R. A identificação dos bens reversíveis: do ato ao processo administrativo. *Fórum Administrativo – FA*, Belo Horizonte, ano 14, n. 165, p. 38-44, nov. 2014. Disponível em: <http://bid.editoraforum.com.br/bid/PDI0006.aspx?pdiCntd=219043>. Acesso em: 29 mar. 2015.

SILVA, José Afonso da. *Curso de Direito Constitucional Positivo*. São Paulo: Malheiros, 2006.

SILVA, De Plácido e. *Vocabulário Jurídico*. Atualizadores: Nagib Slaibi Filho e Priscila Pereira Vasques Gomes. Rio de Janeiro: Forense, 2014.

SOARES, Guido Fernando Silva. *Common Law*: Introdução ao Direito dos EUA. 1. ed., 2. tir. RT, 1999.

SPAGNOL, Werther Botelho. *Curso de direito tributário*. Belo Horizonte: Del Rey, 2004.

SUNDFELD, Carlos Ari. Utilização remunerada do espaço público pelas concessionárias de serviços. *Revista de Direito Municipal – RDM*, Belo Horizonte, ano 4, n. 7, p. 2031, jan./mar. 2003. Disponível em: <http://bid.editoraforum.com.br/bid/PDI0006.aspx?pdiCntd=11713>. Acesso em: 19 fev. 2015.

TORRES, Heleno Taveira. *Direito Constitucional Positivo e Segurança Jurídica:* Metódica da Segurança Jurídica do Sistema Constitucional Tributário. São Paulo: Melhoramentos, 2011.

VILLELA SOUTO, Marcos Juruena. *Direito Administrativo Regulatório*. 2. ed. Rio de Janeiro: 2005.

WORLD BANK. *The Worldwide Governance Indicators (WGI)*. Disponível em: <http://info.worldbank.org/governance/wgi/index.aspx#home>. Acesso em: 30 set. 2014.

Esta obra foi composta em fonte Palatino Linotype, corpo 10
e impressa em papel Offset 75g (miolo) e Supremo 250g (capa)
pela Gráfica e Editora Laser Plus, em Belo Horizonte/MG.